한국 원전 잔혹史

한국 원전 잔혹史

제1판 제1쇄 발행일 2014년 11월 21일

글 _ 김성환 · 이승준
기획 _ 책도둑(박정훈, 박정식, 김민호)
디자인 _ 토가 김선태
펴낸이 _ 김은지
펴낸곳 _ 철수와영희
등록번호 _ 제319-2005-42호
주소 _ 서울시 마포구 월드컵로 65, 302호(망원동, 양경회관)
전화 _ (02)332-0815
팩스 _ (02)6091-0815
전자우편 _ chulsu815@hanmail.net

ISBN 978-89-93463-61-3 03300

철수와영희 출판사는 '어린이' 철수와 영희, '어른' 철수와 영희에게
도움 되는 책을 펴내기 위해 노력하고 있습니다.

한국 원전 잔혹史

지속 가능하고 안전한 사회를
물려주고자 고민하는 시민들에게

글 김성환 · 이승준

철수와영희

원자력에 대한 사회의 감시와 통제가 중요하다

기자는 기록 노동자다. 기자의 가장 충실한 의무는 사실을 제대로 기록하는 일이다. 그런 점에서 2013년 6월은 기록 노동자로서 충실하려고 애를 썼던 시기였다. 원자력발전소에 시험성적서가 위조된 제어케이블이 설치된 사실이 드러났고, 한국수력원자력(이하 한수원)과 원전업계의 문제점이 드러났다. 원전 비리 사건의 양태를 기사로 쏟아내던 시기였다.

그날도 '한수원 간부 30%, 원전 협력업체 전방위 재취업'이란 기사를 내보냈다. 한수원 퇴직자들이 협력업체와 대기업으로 재취업하면서 비리의 요인이 된다는 내용의 기사였다. 한창 취재를 이어나갈 무렵, 전자우편을 한 통 받았다. 누군지 밝히진 않았지만, 내용을 보니 한수원에서 오래 근무한 직원의 아내였다.

기자님, 정말 한심스럽습니다. 그리고 한탄스럽습니다.

한국에서 위조지폐가 발생하면 한국은행 직원 잘못이며 그들이 옷을 벗으면 해결됩니까?

그것도 모자라 한수원에선 스트레스 가중으로 자살이 이어지고 있습니다. 감시체계만 심해지고 다른 나라의 절반 정도의 인원으로 굴러가는 회사를…. 이젠 퇴직 후 관련 업계에 취직한 게 문제입니까?

원전은 정말 특수한 분야입니다. 그럼 퇴직 후 죽을 때까지 한수원 다니는 직원은 아무것도 하지 말고 굶어야 합니다. 정말 특수한 분야라 원전 분야를 떠나면 할 일이 없습니다.

부품 인증서는 엄밀히 정부기관 승인이 나야 합니다. 한수원 승인이 아닙니다. 기자님은 기자님을 속이자고 달려드는 사기꾼 100% 가려낼 수 있습니까? 오늘도 12시까지 퇴근 못 하는 남편이 욕만 얻어먹고 다니니…. 이 분노를 어찌할까요.

제발 그만 좀 하십시오. 비리요, 한수원에만 있지요. 암요…. 이젠 퇴직 후… 자기 전문 직종 살리지 말고 그냥 죽 가만있어라? 미친 듯이 공부해 들어간 회사인데 무슨 한량 취급들을 하니.

땀 냄새 찌든 남편의 러닝을 언제까지 빨아야 할지…. 참….

당시 모든 언론은 충실한 기록 노동자의 역할을 하고 있었다. 한수원의 허술한 부품 검증체계와 신뢰할 수 없는 원전 운영에 대한 비판

기사가 쏟아졌다. 대중들은 혀를 찼고, 한수원의 신뢰는 땅바닥으로 추락했다.

전자우편을 여러 번 읽었다. 나의, 우리의 기록이 중요한 부분을 빼먹은 채 허공을 향하고 있다는 생각이 들었다. 원전의 안전성과 운영의 문제점을 비판하면서, 정작 그 원전과 관계를 맺고 있는 '사람'에게는 관심을 기울이지 않았기 때문이다.

마음이 더욱 무거웠던 건, 전자우편을 받기 전 한수원 노동자들이 최근 몇 년 사이에 연이어 목숨을 끊었다는 소식을 들었기 때문이다. 자살의 동기는 각각 달랐지만, 그들이 죽음을 선택한 시기는 원전 비리로 한수원이 전 국민으로부터 규탄을 받던 때였다.

비리 사건을 계기로 이른바 원전업계를 들여다보니, 잦은 고장과 사고 등으로 현장 노동자들이 느끼는 압박은 엄청났다. 널뛰는 에너지 정책에 따라 생기는 원전의 구조적인 문제 등도 있었다. 더 나아가 "이 시스템은 도대체 어떻게 돌아가고 있는가, 제대로 돌아가고 있는가?"라는 근본적인 의문이 들었다. 원전 사고와 각종 비리 등이 정신없이 쏟아질 때 모두가 보지 못했던 내용을 하나씩 정리해 우리 사회에서 '지속 가능한 안전'이라는 관점을 제시할 수 있는 기록이 필요하다고 생각했다.

이 책을 쓰게 된 동기도 그랬다. 두 필자는 비슷한 시기에 〈한겨레〉와 〈한겨레21〉을 통해 원전과 에너지, 그리고 여기에 얽힌 사람들에 대한 기사를 써왔다. 그 몇 년 동안 원전을 둘러싸고 정말 많은 일이 벌어졌다. 2011년 3월 11일 일본 대지진으로 후쿠시마 제1원전이 폭발했고, 국내에서는 원전 고장과 한수원의 납품 비리 사건이 이어졌다. 이후 원전은 재앙의 불씨를 안은 시한폭탄처럼 여겨지고 있다. 이러한 현실을 좀 더 명확하게 이해하려면 사건들의 구조적 배경과 원인, 그리고 원전을 운영하는 노동자들과 그 주변의 문제를 좀 더 깊이 짚어보는 과정이 필요하다고 생각했다.

이 책에서 다루고자 하는 것은 '원전'과 '사람'이다.

1부에서는 2012년 고리 1호기 정전 은폐 사건과 이어지는 원전 비리, 그리고 그 중심에 서 있던 김종신 전 한수원 사장의 이야기를 담았다. 당시의 취재 메모와 자료들을 뒤지면서 원전 안전 신화에 균열이 발생하기 시작하던 때의 분위기를 전달하려 했다. 2부에서는 한수원이라는 조직과 이른바 '원자력계'를 구조적으로 들여다보려 했다. 외부자의 시선으로는 한계가 있겠지만, 한수원에서 시작하는 업계의 하청구조, 조직문화, 그리고 이른바 '원전 마피아' 또는 '핵 마피아'가 생겨나는 과정에 주목했다.

한수원과 그 하청업체에서 일하는 노동자들, 그리고 원전 주변 마을 사람들의 이야기를 담은 3부에서는 원전을 둘러싸고 벌어지는 사회적 갈등을 보여주려 했다. 4부에서는 원자력을 둘러싼 경제적 · 산업적 이해관계를 분석하고 원전산업을 통해 누가 이득을 보는지를 추적했으며, 5부에서는 에너지로서 원자력의 미래를 그려보았다. 특히 탈핵의 대표적인 사례로 꼽히는 독일과 오스트리아, 그리고 우리와 같은 듯 다르게 원전을 둘러싼 갈등을 겪고 있는 중국과 대만의 이야기를 담았다. 김성환이 2부, 3부, 5부를 이승준이 1부, 4부를 맡았다.

책을 쓰면서 '원자력발전소'와 '핵발전소' 가운데 어떤 용어를 사용할지 마지막 순간까지 고민했다. 사전적 의미로 원자력은 '원자핵의 변환에 따라 방출되는 에너지'로 '핵'의 하위 개념이다. 원자력발전은 핵분열을 활용한다. 그러나 '원자력'이라는 표현은 정부나 원자력 관련 업체가 핵의 평화적 이용을 강조하기 위해 사용하는 용어이다. 탈핵 진영에서는 '핵'이 좀 더 가치 중립적인 용어라고 하지만, 한국수력원자력, 한국원자력안전기술원 등 정부기관에서는 공식적으로 '원자력'이라는 표현을 사용하고 있다. 핵, 핵발전소, 핵 마피아가 정확한 표현이라는 지적에 동의하지만 이 책에서는 한수원과 원전에서 일하는 노동자들의 시선에 초점을 맞춘 만큼 그들이 실제로 사용하는 '원자력'이라는 용어를 쓰기로 했다. 나아가 '핵'이라는 표현에 거부감이나 선입견을 느끼는 사람들이 이 책을 읽고 정부의 입장만이 아닌 좀 더 객관적인 시각을 얻어갔으면 하는 기대도 있다.

인문학을 전공한 두 필자 모두 원자력은 생소한 분야다. 그래서 '전문성'과 '특수성'이라는 철갑을 두른 채 비판의 목소리를 외면하는 '원전 마피아'들을 거론한다는 게 부담스럽기도 하다. 하지만 모든 걸 그들에게 맡겨두기엔 원전은 매우 중대한 사안이다. 우리가 일찍이 체르노빌과 후쿠시마에서 경험했듯이 한 번의 사고로 모든 걸 잃을 수 있기 때문이다.

원자력에 대한 사회의 감시와 통제가 중요하다. 지금 원전을 운영하는 집단은 '그들만의 리그'로 이루어져 있다. 외부의 감시와 통제가 없는 집단은 썩어갈 수밖에 없고, 그 결과는 언제든 끔찍한 사고로 이어질 수 있기 때문이다.

이 책이 한국의 원전과 이를 담당하는 한수원을 사회적으로 감시하고 통제하는 데 보탬이 됐으면 한다. 또 일부의 잘못으로 공기업 노동자로서의 자존감을 잃은 한수원 정규직 노동자들이 문제를 직시하는 데, 하청업체 노동자들의 노동 조건이 개선되는 데도 도움이 됐으면 하는 바람이다. 책이 나오기까지 응원을 보내준 〈한겨레〉와 〈한겨레21〉 동료들, 유용하고 의미 있는 자료를 제공해준 취재원들, 그리고 가족들, 특히 비슷한 시기에 엄마가 되는 두 필자의 아내에게 감사의 인사를 전한다. 무엇보다도 이 책이 원자력 문제에 관심을 가진 독자들에게 필요한 정보를 주는 '스마트폰 애플리케이션' 같은 존재가 된다면 더할 나위 없을 것 같다.

김성환 · 이승준 드림

차례

| 3부 | 원전의 경계인들

| 4부 | 욕망의 경제학

| 5부 | 2035년 원전의 미래

1부

원전 안전 신화의 붕괴

고리원전 1호기가 멈춰 선 날

발전 정지 빨간불이 들어온 순간

'고리원전 2호기 발전 정지(1보)'

휴대전화 화면에 속보 알림창이 뜬다. 사람들은 잠시 불안함을 느끼거나 그런가보다 하면서 다시 하던 일에 열중할지 모른다. 원전과 관련한 이슈를 담당하는 언론사 기자들은 조금 더 예민하다. 한수원이나 원자력안전위원회 담당 직원에게 전화를 걸어 발전 정지의 원인을 묻고, 심각한 문제인지 단순 이상인지 확인하려 든다.

그러나 엔지니어가 아닌 기자들의 판단에는 늘 한계가 있다. 이전에 비슷한 사례가 있었는지, '계획예방정비'(한수원에서 사용하는 용어로 원전의 정기적인 정비를 뜻함) 뒤 얼마 만에 정지한 것인지, 최근 1년 동안 몇 번이나 멈춰 섰는지 등을 따져보며 발전 정지의 심각성을 헤아려볼 뿐이다. 곧 한수원은 언론사에 보도자료를 보내고, 회사의 페이스북과

트위터 등 사회관계망서비스(SNS)에 글을 올린다. “고리원전 2호기는 안전하게 정지됐고, 정지 원인은 파악 중입니다.”

사실 원전은 우리가 생각하는 것보다 많이 정지한다. 1978년 가동을 시작한 고리원전 1호기의 경우, 현재까지 사고·고장으로 130차례 멈췄다.[1] 물론 원전이 사고나 고장으로 정지된다고 해서 반드시 원전의 폭발이나 방사능 유출과 같은 치명적인 사고로 연결되지는 않는다. 200~300만 개의 부품으로 구성된 원전은 작은 부품의 이상에도 자동 정지가 되도록 설계돼 있다. 원전이 정지됐다는 소식을 듣고 한수원 관계자들에게 연락하면 그들은 “안전하게 자동정지됐고, 방사능 유출은 없다. 심각한 문제가 아니다”라는 말을 자주 한다. 안전하다는 음성이 흘러나오는 전화기 저편에서 “아무것도 모르는 기자들이 난리 친다”는 소리가 들리는 것만 같다.

정부의 원전 운영기관인 지식경제부(현 산업통상자원부)와 한수원 등을 담당할 당시, 원전의 발전 정지 소식에 늘 촉각을 곤두세워야만 했다.[2] 과거 신문을 들춰보면 요즘과 달리 원전의 발전 정지와 관련한 기사를 찾기가 쉽지 않다. 예전에는 ‘기삿거리’가 되지 않았다는 뜻이다.

그러나 최근에는 원전의 발전 정지와 관련한 뉴스는 실시간으로 알려진다. 많은 이유가 있겠지만, 사람들이 관심을 갖는 주제에 반응하

1) 한국원자력안전기술원(KINS) 원전안전운영정보시스템(OPIS, http://opis.kins.re.kr)의 원전 사고·고장 현황 통계 자료(2014년 10월 기준).

2) 이승준 기자는 한겨레신문사 경제부에서 2011년 9월부터 2013년 9월까지 지식경제부(현 산업자원통상부)와 한수원의 출입기자로 활동했다.

는 언론의 입장에서 원전의 발전 정지는 그만큼 '핫'한 기삿거리다. 여름 · 겨울을 가리지 않고 계속된 전력난으로 원전 한 기의 고장이 곧 전력 수급에 '비상상황'으로 이어진다고 읽히기 때문이기도 하다. 그러나 2011년 3월 일본 후쿠시마 제1원전의 폭발 사고가 있은 뒤, 사람들은 전력난과 별개로 원전에 대해 불안해하기 시작했다. 언론 역시 원전의 안전에 대해 의문을 가지기 시작했다.

'깨끗하고 경제적인 원자력'이라는 신화는 왜 깨지게 됐을까? 자원이 부족한 나라에서 경제 성장을 위해 싼 전기요금을 유지하려면 '원자력 없이는 안 된다'는 정부의 논리에 의심을 품는 것 자체가 불온하게 받아들여지던 사회에서 말이다. 실제로 미국 스리마일 섬 원전 사고[3]와 구소련 체르노빌 원전 사고[4]로 원자력의 안전 신화가 무너졌음에도 우리나라 정부는 원전 확대 정책을 이어왔고, 대부분 시민들은 여기에 큰 관심을 가지지 않았다. 국내 원자력산업계에 대해 비판해온 장정욱 일본 마쓰야마대 경제학부 교수는 "(1987년 일본 유학 당시) 체르노빌 원전 사고를 두고 원자력의 안전성에 대한 논란이 벌어진 일본

3) 1979년 3월 28일 미국 펜실베이니아 주 스리마일 섬에서 가동 중이던 가압 경수로인 원전 2호기(TMI-2)의 자동 밸브 장치 이상으로 원전이 통제 불능 상태가 돼 핵연료봉이 녹아내리는 '노심 용융'(meltdown) 현상이 벌어진 사고. 인근 주민들이 대피하였으나 격납용기로 인해 방사능 누출은 미미한 것으로 밝혀졌다. 사고의 정도에 따라 0단계(척도 미만)~7단계(심각한 사고)로 나누는 국제원자력기구(IAEA)의 국제 원자력 사건 등급(INES)으로 5단계(시설 외부의 위험을 동반한 사고)에 해당한다.

4) 1986년 4월 26일 구소련 우크라이나사회주의공화국의 프리피야티 체르노빌 원전 4호기에서 비정상적인 핵반응으로 발생한 열로 분해된 냉각수에서 수소가 발생해 원자로 격납고가 폭발한 사고. INES 7단계(심각한 사고) 수준에 해당하는 방사능 누출이 발생했다. 2011년 3월 11일 일본 후쿠시마 제1원전 1~4호기의 폭발 사고도 INES 7단계를 기록했다.

사회와, '원자력은 최선의 에너지 공급원'이라는 한국 사회의 간극에 당황했다"고 말했다.[5]

원자력 신화가 우리 사회에서 서서히 균열을 일으킨 계기는 2011년 3월 11일 발생한 후쿠시마 제1원전 폭발 사고다. 가까운 일본의 참혹한 사고를 보며 우리 사회와 언론은 한국의 원전 안전에 관심을 쏟기 시작했고, 정부는 수많은 대책을 쏟아냈다. 그러다 원전에 대한 우리 사회의 믿음은 곧 깨져버렸다. 바로 2012년 2월 발생한 고리원전 1호기 정전 사고의 은폐와 뒤이어 터진 원전 납품 비리 사건 때문이다. 시민들은 "한국의 원전도 안전하지 않다"는 경고를 피부로 느끼게 됐고, 우리의 원전 운영 역시 요새 유행하는 말인 '적폐'로 가득하다는 것을 깨닫게 됐다. 30여 년 동안 원전을 독점적으로 운영해온 한수원의 곪은 상처가 터지기 시작한 것이다.

술자리에서 새어 나온 사고의 전말

2012년 3월 14일 오전 10시께, 경기도 과천시 중앙동 정부종합청사에 있는 지식경제부 기자실에 홍석우 지식경제부 장관과 김종신 한수원 사장이 모습을 드러냈다. 홍 장관은 준비해온 기자회견문을 꺼내 읽어 내려갔다.

"먼저, 최근 고리원전 1호기에서 정비 중 발생한 전원 상실에 대한

5) 이승준, '한겨레가 만난 사람: 방사능 괴담 믿지 말라면서, 정보공개는 왜 제대로 안 해요?' 〈한겨레〉 2013년 9월 4일자 31면.

보고 지연과 관련하여 국민 여러분께 죄송하다는 말씀을 드립니다."

김 사장은 "굉장히 자괴감을 느낀다"고 말했다. 그동안 "원전 운영은 전 세계에서 한수원이 가장 안전하고 투명하게 하고 있다"고 큰소리를 쳐온 김 사장의 표정이 굳어 있었다. 설명을 듣던 기자들의 표정도 따라 굳어졌다.

원전 운영의 두 책임자는 2월 9일 부산 기장군 고리원전 1호기에서 벌어진 12분 동안의 정전 사고 경위를 한 달이 지난 이날 기자들 앞에서 설명했다. 기자들의 표정이 굳어질 수밖에 없었던 이유는 이 사고가 '고리원전 1호기→고리원자력본부→한수원→지식경제부→원자력안전위원회'의 정상적인 보고체계를 거친 것이 아니라, 김수근 새누리당 부산시의원이 술자리에서 우연히 들은 이야기를 통해 세상에 알려졌기 때문이다. 정전으로 냉각수 온도가 올라가 자칫 큰 사고로 이어질 뻔했던 사고가 한 달 동안 감춰진 것이다.

당시 김 의원의 설명을 종합해보면, 그는 2월 20일 저녁 부산 기장군의 한 식당에서 지인들과 술자리를 갖고 있었다. 그런데 옆 자리에서 "원전 전원이 차단되고 비상발전기가 안 돌았는데 문제없나"라는 이야기가 흘러나왔다. 기장군 토박이인 데다 시의원인 그로서는 흘려들을 수 없는 이야기였다. 평소에 알던 고리원전 관계자들과 주변 지인들을 통해 무슨 일인지 파악해봤지만 아는 사람이 없었다. 하지만 그는 '느낌이 이상해' 3월 8일 고리원전 경영지원처장에게 "정전이 됐다는 소문이 돈다"고 문의했다. 한수원은 부랴부랴 한 달 전 사건의 파악에 나섰다.

기자 간담회에서는 질문이 쏟아졌다. 전원이 12분 동안 중단됐고,

ⓒ정용일(한겨레21 기자)

부산 기장군 장안읍 길천마을 해안가에서 바라본 고리원전 1호기의 모습.

비상발전기마저 가동이 안 된 것은 아무리 정비 중인 상태였다고 해도 원전의 안전성에 치명적인 사건이다. 그러나 이처럼 중대한 사고를 한 달 동안 몰랐던 김 전 사장의 대답은 건조했다.

"지난주 토요일(3월 10일) 고리 1호기 신임 본부장에게서 보고할 게 있다는 말을 들었습니다. 일요일(3월 11일) 오후에 본부장과 발전소장·부소장 등을 만나 사고 내용에 대해 보고받았습니다."

한 기자가 무심코 질문을 던졌다.

"왜 중대한 사고 보고를 다음날, 그것도 오후에 받은 거죠?"

김 사장의 답변은 기자실을 휘감은 무거운 공기를 더 가라앉게 했다.

"교회에 다녀오고…, 오후 4~5시쯤 보고를 받았습니다."

사고 발생 시 정해진 시한 내에 보고하고 이를 공개해야 한다는 규

〈원자력 이용 시설의 사고 · 고장 발생 시 보고 · 공개 규정〉

원자력안전위원회 고시 제2013-50호(2013년 10월 18일 개정)

제3장 보고 방법 및 절차

제5조(보고)

① 사업자는 제4조에 따른 보고 대상이 되는 사건이 발생한 경우에는 위원회에게 이용 가능한 통신 수단을 이용하여 별표에서 **규정한 시한 내에 구두로 보고하고, 다음 근무일 이내에 이를 별지 제1호 서식에 따라 초기 서면 보고서를 제출하여야 한다.**

② 제1항에 따라 구두로 보고하는 경우 근무 시간에는 담당 부서, 근무시간 이외에는 당직실에 보고하여야 한다. 다만, 발전용 원자로 사업자는 해당 원자력발전소의 위원회 주재관에게 보고하여야 한다.

③ 제1항에 따라 문서로 보고할 때에는 언론에 제공한 보도자료를 포함하여야 한다.

④ 시설의 안전 상태가 제1항에 따라 보고한 때보다 저하될 때에는 후속 보고를 하여야 한다.

⑤ 사업자는 별표에서 규정한 시한 내에 별지 제2호 서식에 따라 상세 보고서를 위원회에 제출하여야 한다.

⑥ 제1항 · 제4항 · 제5항에 따라 위원회에 보고하는 보고서는 부록 1의 사건 보고서 작성 지침에 맞게 작성하여야 한다. (중략)

제10조(대국민 정보 공개)

① **사업자는 이 규정에 따라 위원회에 보고한 사항을 다음 근무일 이내에 홈페이지 및 언론을 통해 공개하여야 한다.**

② 사업자는 제1항에 따른 공개를 할 경우 가능한 명확하고 구체적으로 작성하되 다음 각 호의 사항을 포함하여야 한다.

1. 사건이 발생한 일시 및 장소와 원인
2. 발생하였거나 발생할 우려가 있는 방사선 장해의 상황
3. 안전 조치의 내용 및 계획
4. 부록 1의 사건 보고서 작성 지침의 내용 중 작성이 가능한 사항

③ 사업자는 제1항에 따라 공개한 내용 중 변경 사항이 있는 경우에는 위원회에 보고하고 이를 언론기관에 제공하여야 한다.

정을 위반한 행위였다.

문제는 외부에서 아무도 이러한 사실을 알 수 없었다는 점이다. 고리원전 1호기 정전 사고는 자칫 노심(원자로의 중심부로 원자로의 핵연료인 연료봉 다발)이 녹아 멜트다운(meltdown)으로 이어질 수 있었던 끔찍한 사고였다. 일본 후쿠시마 원전 사고도 정전으로 냉각시설이 제대로 작동하지 않아 원자로 온도가 급상승하면서 일어난 사건이다. 게다가 고리원전 1호기는 1978년 가동을 시작한 우리나라 최초의 원전으로 2007년 설계수명(30년)이 만료된 뒤 수명이 10년 연장된 상태였다. 안전에 각별히 유의해야 하는 '노후 원전'이었다.

아찔한 12분

고리원전 1호기의 전기가 끊긴 시간은 단 12분이었다. 그동안 원자로 냉각수의 온도는 21.4℃ 상승했다. 비상발전기 2대 가운데 1대는 정비 중이었고, 나머지 1대는 고장 난 상태였다. 정전이 더 길어졌다면 어찌 되었을까? 상상만 해도 끔찍한 일이다. 비상발전기는 왜 그 순간에 작동하지 않았을까? 사고의 전말을 따라가다 보면 계속 '물음표'를 찍을 수밖에 없다.

우선 원자력안전위원회의 사고 조사보고서[6]를 통해 고리원전 1호기 사고 경위를 복기해보자.

6) 원자력안전위원회 보도 참고자료 '고리 1호기 전력공급 중단 관련 조사현황 및 향후대책'(2012년 3월 21일)

2012년 2월 4일, 고리원전 1호기는 원자로를 정지하고 예정되어 있던 계획예방정비에 들어갔다. 원전은 보통 정기적으로 15개월마다 가동을 멈추고 정비를 한다. 이 기간에 핵연료의 3분의 1을 교체하기도 한다. 한수원은 핵연료 교체 및 정비를 시작하고, 규제기관인 한국원자력안전기술원(KINS)도 정기검사에 들어갔다.

2월 9일 저녁 7시 30분, 한수원 직원 1인의 감독 아래 용역회사인 한빛파워 직원 2명이 발전기 보호계전기 시험을 시작했다. 발전기 보호계전기는 낙뢰 등 이상신호가 감지되면 전원을 차단해주는 역할을 하는 기기다.

저녁 8시 34분, 발전소에 전력이 끊기는 '블랙아웃'(blackout) 상황이 벌어졌다. 당시 발전소에 전력을 공급하는 외부 전원은 3개가 있었는데 2개의 전원선이 정비 중인 상태에서 직원이 실수로 멀쩡한 전원선까지 차단한 것이다. 해당 직원은 6년 동안 원전 점검업무를 해온 숙련된 노동자였다. 원자력안전위원회는 "발전기 보호장치를 시험하는 과정에서 작업자가 감독자의 지시와 절차에 따르지 않고 업무를 수행하여 인적 오류로 외부 전원이 차단되는 상황이 발생했다"고 설명한다.

사고가 발생한 지 8분 뒤인 8시 42분께 저녁식사를 마친 고리 1호기 발전소장이 주 제어실을 방문해 사건을 확인했다. 디젤 연료로 돌리는 비상발전기 한 대는 정비 중이었고 나머지 한 대는 고장으로 작동하지 않는 상태였다. 12분 뒤 부랴부랴 외부 전원선 1개를 복구해 발전소에 전력은 다시 공급됐다.

전원이 끊긴 그 시간 원전에서는 어떤 변화가 있었을까? 앞에서 설명했듯이 원자로 냉각수의 온도는 36.9℃에서 58.3℃로 상승했다.

1분당 2℃ 가까이 상승한 셈이다. 원자로는 운전 중에 핵연료의 분열로 300℃에 이르는 고온을 유지하고 있다. 고온의 열이 증기를 발생시켜 터빈을 돌려 전력을 생산하는 원리다. 운전 중에는 냉각수를 순환시켜 원자로가 과열되지 않도록 해야 한다. 제대로 식혀주지 않으면 온도가 3000℃까지 올라가 원자로가 녹아내리는 멜트다운이 발생할 수 있다. 원전이 해안가에 위치한 것도 냉각수의 공급에 용이하기 때문이다. 일본 후쿠시마 제1원전 역시 지진과 해일로 발전소에 전원이 끊겨 냉각장치가 멈추면서 결국 원자로가 폭발했다. 그만큼 원전에서 전력 공급은 필수적이다.

시민단체인 '원자력자료정보실'을 설립하는 등 일본의 대표적인 탈핵 전문가인 고이데 히로아키 교토대 조교(한국의 조교수)는 일본 후쿠시마 제1원전 사고를 다음과 같이 설명한다.

> "후쿠시마 사고는 모든 전원이 상실되었기 때문에 일어났는데, 전문가들은 발전소의 '전 시설 정전(블랙아웃)'이 가장 위험하다는 사실을 오랜 기간 거듭한 연구를 통해 알고 있었습니다. 그렇다면 왜 사고를 막을 수 없었을까요? '발전소 전 시설 정전은 절대로 일어나지 않는다'고 하면서 그러한 사고는 상정할 수 없다고 낙인을 찍어버렸기 때문입니다.[7]

---

7) 고이데 히로아키 지음 · 고노 다이스케 옮김, 『원자력의 거짓말』(녹색평론사, 2012년) p.148.

물론 고리원전 1호기는 당시 운전을 멈춘 상태였고, 원자로 내부의 온도도 크게 오르지 않았다. 한수원과 원자력안전위원회에서 "원전의 안전에는 큰 영향이 없었다"고 밝히는 이유다. 전문가들도 "원전 안전에 큰 위협을 끼치는 정도는 아니었다"고 말한다. 문제는 비상시 작동해야 할 발전기가 아무 역할을 못 했다는 것이다.

국내 원전에는 정전 시 전력을 공급할 수 있는 3대의 발전기가 설치되어 있다. 디젤을 연료로 돌리는 비상발전기 2대와 수동으로 작동하는 대체교류 디젤발전기(AAC) 1대가 그것이다. 그전까지 한수원은 일본과 달리 국내 원전은 '삼중 전력공급 체계'라고 자랑해왔다. 하지만 사고 당시 비상발전기 1대는 정비 중이었고, 다른 1대는 공기 공급 밸브에 이물질이 들어가 작동하지 않았다. 수동 디젤발전기는 안전위원회의 조사 결과 아예 돌릴 생각조차 못했다. 작동에 시간이 걸린다는 이유였다. 한수원이 자랑하던 삼중 안전장치가 무력화된 것이다. 만약 원자로가 돌아가던 중에 전원이 끊겼다면 어떻게 됐을까? 그나마 운전이 정지된 상태에서 사고가 난 게 다행이라고 여겨야 하는 '씁쓸한 사건'이었다.

☢ 원전 안전대책 발표 날 일어난 사고… 무너진 신뢰

고리원전의 전력이 다시 공급된 2012년 2월 9일 저녁 8시 46분, 고리원전 1호기 발전소장과 직원들 20여 명이 모였다. 그들은 사건을 상부에 보고하지 않기로 결정했다. 이들은 당시에 어떤 생각을 한 것일까?

이들이 왜 사고를 은폐하기로 결정했는지를 살펴보기 전에 시계를

10시간 전으로 돌려보자. 이날 오전 경기도 과천시 정부종합청사 지식경제부 기자실에서는 '원전 고장정지 ZERO · 무결점 운전 추진'이라는 제목의 언론 브리핑이 열렸다. 지식경제부의 원자력산업정책 담당자들과 김종신 전 사장이 원전 고장과 사고에 대한 대책을 발표하는 자리였다. 당시 원전의 잦은 중단으로 겨울철 전력 공급에 '빨간불'이 들어오던 시기였다. 김 전 사장은 이날 '원전 고장정지 재발 방지 대책'[8]을 발표한다.

여기에는 설계 · 제작 · 정비 시스템 개선, 인적역량 강화, 대외소통역량 강화 등 세 분야로 나눠 총 16개 항목의 대책이 구체적으로 제시되어 있었다. 그런데 바로 이날 사고가 터졌으니 직원들이 얼마나 당황했을까. 대책에 "인적 오류에 의한 발전소 불시정지를 방지하기 위해 절차 및 규정 미준수 시 처벌을 강화하겠다"는 내용까지 포함되어 있으니 현장 관계자로서는 아마도 '멘붕'이었을 것이다. 아니나 다를까 원자력안전위원회의 조사보고서는 "당시 문 소장이 비상발령 및 보고대상임을 인지하였으나 본사의 안전대책 발표, 국민 여론과 고리 1호기 완벽 운영에 대한 심한 심적 부담과 두려움으로 인해 대내외 보고를 하지 않기로 하였다고 진술했다"고 전하고 있다.

다시 사고 시점으로 돌아와 보자. 원전의 전원을 복구한 뒤 문 소장은 현장 간부들과 사태를 어떻게 처리해야 할지 논의를 한 뒤, 한수원과 원자력안전위원회에 보고하지 않기로 결정했다. 조사에 따르면 이

8) 지식경제부 보도자료(2012년 2월 9일), '원전 고장 정지 ZERO · 무결점 운전 추진–한수원「원전 고장 정지 재발방지 대책」수립'

들은 사건 당시 근무한 발전팀의 모든 운전원 일지에서 발전소 정전 사건의 발생 및 복구 일시 기록을 의도적으로 빼고, 비상 디젤발전기 작동 실패도 시험 관리대장 기록에서 누락시켰다. 게다가 이들은 2월 10일~11일 비상발전기 2대가 모두 운전이 불가능한 상태임에도 핵연료 인출 등 계획된 정비를 계속 추진했다. 고리 1호기의 운영 지침서에 기재된 "최소한 1개의 외부 전원과 1대의 비상 디젤발전기가 운전 가능한 상태에서 핵연료를 인출하여 이송해야 한다"는 규정은 깡그리 무시했다.

문 소장을 비롯해 이들은 인사 이동을 하면서도 후임 발전소장 등에게 이러한 사실을 전하지 않았다. 결국 술자리를 통해 사고 소식을 들은 시의원이 고리원전본부 경영지원처장에게 사실을 문의하고, 신임 발전소장, 신임 고리원전 본부장이 사건을 부랴부랴 확인하면서 사고의 전말이 세상에 알려진 것이다.

문제는 한둘이 아니었다. 원전에 주재하는 한국원자력안전기술원(KINS) 주재관도 당시 사고 현장 주변에 있었지만 이 사실을 알지 못했다. 고리원전 1호기 사고는 30여 년 동안 원전을 독점적으로 운영해온 한수원의 '민낯'을 여실히 드러낸 사건이었다. 작업자의 실수, 비상 설비의 작동 불능, 현장 담당자들의 사고 은폐 등 최악의 상황이 동시에 발생했다. 하지만 이 사고는 시작에 불과했다. 원전에 설치되는 주요 부품이 제대로 된 시험 검증을 거치지 않은 채 납품돼 설치된 사실이 곧 드러났다. 원전의 공포가 우리 사회를 휘감게 된 것이다.

"원자력발전소는 '기계'입니다. 기계는 어김없이 고장이 납니다. 운전

하는 것은 '인간'입니다. 인간은 반드시 실수를 합니다. 따라서 '사고는 반드시 일어난다'고 항상 상정해야 합니다."[9]

9) 고이데 히로아키 지음 · 고노 다이스케 옮김, 『원자력의 거짓말』(녹색평론사, 2012년) p.147.

돈에 뚫린 원전 안전시스템

2011~2012년은 한국의 프로스포츠계가 발칵 뒤집혔던 시기다. 2년 사이 잇달아 승부 조작 사건이 터졌다. 2011년 6월 프로축구 K리그, 2012년 2월 프로배구 V리그, 2012년 3월 프로야구 등 한국을 대표하는 스포츠 분야에서 승부 조작 사건이 줄줄이 발견돼 스포츠 팬들을 충격에 빠뜨렸다. 승부 조작은 특정 선수들이 불법 도박 사이트 운영자들과 짜고 경기 중 일부러 실수를 하는 식으로 공공연히 자행됐다. '페어플레이'의 신화가 산산이 깨지는 순간이었다. 고작 몇백만 원에 경기연맹, 구단, 심판 등 한국 프로스포츠의 역사가 훼손되고 시스템이 뚫렸다. 승부 조작에 가담한 선수들은 퇴출됐지만 프로스포츠가 팬들의 신뢰를 회복하는 데는 긴 시간이 필요했다.

이 시기 한국의 원전 안전시스템도 논란이 되었다. 2012년 2월 고리원전 1호기 정전 은폐 사고가 '인적 오류와 안전 불감증' 때문이었다면, 같은 해 드러난 원전 부품 납품에 얽힌 일련의 사건들은 그 배경에

'돈'이 자리 잡고 있었다. 부정부패, 비리, 안전 불감증…. 한수원의 30여 년 역사 동안 쌓인 문제들이 양파껍질처럼 벗겨도 벗겨도 계속 터져 나왔다.

승부 조작은 해당 선수를 퇴출시키면 그만이다. 피해자도 많지 않다. 하지만 원자력은 다르다. 원전은 수백만 개의 부품들이 유기적으로 연결되어 돌아가는 거대한 시스템이다. 부품 하나에 수십, 수백만 명의 목숨이 왔다 갔다 할 수 있다.

중고 · 짝퉁 부품으로 돌아가는 원전

고리원전 1호기 정전 은폐 사고의 충격이 채 가시기 전인 2012년 4월 25일, 울산지방검찰청(이하 울산지검)은 고리원전 3호기에 정품이 아닌 '짝퉁' 부품이 설치돼 사용 중이라는 충격적인 사실을 발표한다. 이 과정에서 한수원 고리원전본부 직원이 원전 부품인 '밀봉 유니트'를 울산의 한 기계 제작업체로 빼돌리고 그 대가로 수천만 원을 받은 사실도 드러난다. 밀봉 유니트는 원자로 내부 계측기에 들어가는 부품으로 원자로 중성자 검출기의 이동용 안내관을 밀봉하는 역할을 한다. 그런데 정품이 아닌 복제된 제품이 2010년 5월 정식 계약을 통해 고리원전 3호기에 설치된 것이다. 검찰 발표 뒤, 한수원은 재빨리 해명 자료를 내놓는다.

한수원의 설명은 "외국 제품을 빼돌려 모방한 것은 맞지만 국내 업체가 기술을 개발해 특허를 받은 정품이다. 전문기관에 안전 검증도 받았다." 정도로 요약할 수 있다. 역시 안전에는 문제가 없다는 이야기

〈2012년 4월 26일 한수원 언론 해명 자료〉

- 이 부품은 지난 2010년 3월 해당 업체가 자체 개발, 우리 회사의 규정 및 절차에 따라 개발 선정품으로 지정됐고, 특허청의 특허를 취득한(10-0952173, 2010년 4월 2일) 제품입니다.
- 한수원은 지난 2009년 11월~2010년 2월 기간 중 해당 절차에 따라 실물 확인, 설계도면, 제작 공정 및 성능실험 등 개발 제품에 대한 성능 확인을 거쳐 **개발 선정품**으로 지정했습니다.

  * 특히 제품 개발 완료 후 제3의 관련 전문 기관들(세한TEP, 한국인정기구, 한국표준협회, 한국전력산업기술기준, TRA국제인증원)로부터 내진, 내압 성능 등을 확인받았음.

  *** 개발 선정품: 연구 개발 과제로 선정돼 우리 회사와 공동 또는 협력해 개발하거나 제조업체가 자체적으로 개발한 제품을 규정에 따라 검토하여 지정함.**
- **또한 이 부품은 기존 외국산 대비 성능과 품질 면에서 경쟁력이 있으며 2011년 5월 고리 3호기에 설치한 이후, 현재까지 양호한 성능으로 아무런 문제 없이 사용되고 있습니다.**
- 개발 선정품은 기존 외국산 제품과 비교하여 밀봉(누수 방지) 기능 등의 성능이 우수하며, **제품 가격은 외국산 부품당 약 920만 원에서 동 국산화 제품은 약 750만 원으로 약 20% 정도 경제성을 확보하게 되었습니다.**
- 동 건과 관련하여 금품 수수자에 대해서는 4월 26일부 보직 해임시켰습니다.

로 '억울함'마저 느껴진다. 억울함은 '개발 선정품'이라는 표현에서 강하게 읽힌다. 해외에서 매번 수입해야 하는 부품을 한수원과 국내 업체가 손을 잡고 국산화시켰으니 칭찬받을 일이라는 것이다. 더구나 외국산 제품보다 기능도 뛰어나고, 제품 가격은 외국산보다 20% 정도 저렴하기까지 하다. 그러나 이 해명에는 국가 주요 시설의 부품이 외부로 빼돌려졌다는 사실과, 그 과정에서 돈이 오갔다는 사실이 가려져 있다. 정품을 써도 고장과 사고의 위험이 상존하는 게 원전이다.

심지어 다섯 달 전인 2011년 12월에도 비슷한 사건이 있었다. 고리 원전에 주요 기기 부품을 교체하는 과정에서 한 번 사용된 중고품을 새 부품처럼 사용한 것이다.

> 부산시 기장군 고리원자력발전소가 주요 기기의 부품을 교체하면서 한번 사용된 중고품을 새 부품처럼 사용한 사실이 드러나 검찰이 수사를 벌이고 있다. 이에 따라 여러 차례 고장을 일으킨 고리원전의 안전성 문제가 다시 불거질 것으로 보인다.
>
> 원전을 운영하는 한국수력원자력 관계자는 5일 "고리 제2발전소에 터빈밸브 작동기를 납품하는 업체 사장과 원전 직원이 서로 짜고 중고 부품을 납품했고, 이 가운데 일부가 사용됐다"며 "직원 진술과 물품 서류 등을 통해 이를 확인했다"고 말했다.
>
> 경쟁 업체로부터 납품 비리를 진정 받은 부산지검 동부지청은 해당 업체를 압수수색하고 고리원전으로부터 자료를 제출받았다. 이 사건을 주도한 것으로 알려진 고리원전 신○○ 과장과 발전 설비 제조업체 ㅎ사의 황○○ 사장은 자취를 감췄다. 검찰은 이들에 대해 출국 금지 조처를 내린 것으로 알려졌다.
>
> 한수원, 납품 업체, 검찰 등의 말을 종합하면, 고리원전 3·4호기를 운영하는 제2발전소는 2008~2010년 ㅎ사로부터 모두 3차례 32억여 원 어치의 터빈밸브 작동기를 납품받았다. 터빈밸브 작동기는 원자로에서 만들어진 증기를 조절해 터빈으로 보내는 구실을 한다. 원전 한 기당 작동기가 20개 설치돼 있다.

ㅎ사는 납품 과정에서 원전 직원과 짜고 덮개 구실을 하는 '칼럼'과 배관 구실을 하는 '매니폴드'를 교체할 때 이미 사용된 뒤 원전 창고에 보관 중이던 중고품을 새 제품 대신 사용한 것으로 알려졌다. 담당 직원은 작동기의 핵심 부품인 '스프링'을 교체할 때도 납품을 받지 않고 원전에 보관 중인 제품을 사용했다. 그러나 한수원은 스프링은 중고품이 쓰이지 않았다고 설명했다. (중략)[10]

두 사건은 원전 부품 납품 시스템이 얼마나 취약한지, 여기에 대한 한수원의 인식 수준이 어떠한지를 잘 보여준다. 두 사건 모두 한수원 내부 검증 시스템에서 걸러내지 못하고, 외부 업체의 진정이나 검찰 수사로 세상에 알려졌다. 한수원과 다수의 '하청업체'로 이뤄진 구조에서 '갑'인 한수원 직원이 마음만 먹으면 얼마든지 돈을 챙길 수 있다는 사실도 드러났다. '그들만의 리그'인 원전 생태계에 대해서는 이 책의 2부에서 좀 더 자세히 설명하겠다.

문제는 이전에도 이러한 일들이 비일비재했으리라는 것이다. 검증되지 않은 부품들이 얼마나 많이 우리 원전에 설치되었을까. 울산지검은 2012년 7월 10일 납품 편의를 봐주고 뇌물을 받은 혐의 등으로 한수원 간부 22명을 기소했다. 한수원 처장급(1급) 2명 등 본사 간부 6명과 고리, 영광, 월성 등 지역 원전에서 근무하는 현장 실무팀 간부 16명이 포함됐다. 당시 울산지검은 언론에 "이들이 주고받은 뇌물은

10) 최현준 · 황춘화, '고리원전 중고 납품…안전성 논란 재연' 〈한겨레〉 2011년 12월 6일자 10면.

총 22억 2000여만 원으로 한 사람당 평균 1억 원이 넘는다"고 설명했다. 그러나 이 사건은 원전을 둘러싼 '비리 복마전'의 시작을 알리고 있었다.

부품 품질조차 위조, 5년 동안 흘러다닌 미검증 부품

홍석우 지식경제부 장관은 고개를 떨구는 일이 잦았다. 2012년 11월 5일 오전에도 그는 지식경제부 1층 기자실로 내려와 또 고개를 숙여야 했다. 이번에는 품질검증서가 위조된 미검증 부품이 최소 5년 동안 대량으로 원전에 공급된 사실이 드러났기 때문이다. 해당 부품을 교체하기 위해 각각 100만kW 규모인 전남 영광원전 5·6호기의 가동이 중단됐다.

지식경제부는 "원전 부품 납품업체 8개사가 제출한 해외 품질 검증기관의 품질검증서 60건이 위조된 것을 외부 제보로 확인해 검찰에 수사를 의뢰했다"며 "이번 사건을 계기로 한수원의 품질관리 시스템 전반을 종합적으로 개선하겠다"고 밝혔다. 8개월 전 고리원전 1호기 정전 은폐 사고의 충격이 채 가시지 않은 때였다. 더구나 겨울을 앞둔 11월에 멈춰 선 원전은 겨울철 전력 수급에 경고등이 들어오는 것을 뜻했다. 시민들은 직장과 사무실에서 난방온도 때문에 전전긍긍하는 '절전 스트레스'를 겪을 수밖에 없게 됐다.

당시 지식경제부 발표를 보면, 제대로 검증을 받지 않은 채 원전에 납품된 제품은 5년(2008~2012년) 동안 모두 237개 품목 7682개 제품, 8억 2000만 원 규모였다. 영광원전 3~6호기와 울진원전 3호기 등 실제로 원전에 사용된 부품은 136개 품목, 5233개 제품이었다. 물론 이 숫자는 추후 조사가 이어질수록 늘어났다.

김종신에 이어 한수원 사장을 맡은 김균섭은 "문제가 된 제품은 원전의 격납용기 내부의 핵심 안전 설비에는 사용되지 않는 품목이어서 원전 사고의 위험은 없다. 문제 부품이 90% 이상 광범위하게 사용된 영광 5·6호기의 전반적인 안전점검과 부품 교체를 위해 가동을 정지하겠다"고 말했다.[11]

이 사건 역시 한수원과 원전 운영을 감독하고 규제하는 원자력안전위원회, 한국원자력안전기술원(KINS) 등이 자체적으로 파악한 내용이 아니었다. 외부로부터 전해진 제보였다. 사건과 연루된 8개 업체 가운데 한 업체가 "경쟁사들이 품질검증서를 빠른 시간에 받는 것이 의심된다"며 한수원에 제보하면서 사건의 실체가 드러난 것으로 알려졌다. 보통 미국 기관을 통해 받는 품질검증서는 발급까지 적어도 한 달 정도 걸리는데, 특정 업체만 예외였으니 업계에 소문이 나지 않을 리가 없었다.

2012년 9월 21일 제보를 접수한 한수원 감사실은 자체 조사를 시작했다. 사건의 전말을 대략 파악한 시기는 11월 1일쯤이었다. 취재 과정에서 한수원 감사실 관계자는 자체적으로 조사한다는 점을 유독 강조했다. 그러면서 전담 조직을 만들어 전수조사할 계획이라고 밝혔다. 그러나 제보 없이 한수원이 자체적으로 조사를 시작할 수 있었을지는

11) 김종신은 한수원 4대(2007. 4. 2.~2010. 4. 1), 5대(2010. 4. 2.~2012. 5. 21) 사장으로 근무했으며, 김균섭은 6대(2012. 6. 11.~2013. 6. 7) 사장을 지냈다.

여전히 의문이다.

문제가 된 부품은 퓨즈, 온도 스위치, 다이오드, 냉각팬 등 일반 산업 기계에도 쓰이는 품목들로 원전의 핵심 설비를 보조하는 소모품들이다. 모두 미국, 유럽에서 수입하는 부품들로 해외(주로 미국) 품질 검증 기관에서 기술평가와 성능실험을 거친 뒤 입찰 등을 통해 납품된다.

원전에 사용되는 안전성 품목(Q등급이라고 부름)[12]은 전량 수입에 의존하고 있는데, 문제가 된 곳은 수입 대행업체들이다. 그중 서울 강남구에 있는 한 업체를 가보니 10평 남짓 넓이의 사무실에 책상 몇 개가 전부였다. 대부분의 수입 대행업체는 이처럼 영세한 경우가 많았다. 이들에게 품목당 300만 원이 드는 검증 비용과 국외 체류 비용, 검증 시간 등이 부담일 수밖에 없다. 그러니 브로커를 통해 품질검증서를 위조하는 것에 대한 유혹이 클 수밖에 없었다.

한수원은 "미검증품은 모두 원자로 격납 건물 외부에 있는 보조설비에 사용됐으며, 원전의 '다중화 시스템'이 부품의 오작동을 감지하고 있으며, 원전에는 '순차적 사고 방지 시스템'이 구축돼 있어 방사성 물질이 누출되는 사고 가능성은 없다"고 밝혔다.[13] 하지만 이런 해명에도 한수원의 부품 검증 시스템이 취약하다는 사실은 변하지 않는다. 당시 진보정의당(현 정의당)이 밝힌 사실에 따르면, 원전 규제기관인 한국원자력안전기술원(KINS)은 이 사건 발생 8개월 전에 품질검증서와 부

12) 원전 부품은 원자로 안전에 미치는 중요도에 따라 안전성 등급(Q등급), 안전성 영향 등급(A등급), 일반 산업 등급(S등급)으로 구분한다.

13) 지식경제부 보도 참고 자료 '품질검증서가 위조된 원전 부품(未검증품) 전면 교체', 한수원 보도 참고 자료 '참고 3: 원전 안전성에 미치는 영향'(2012년 11월 5일)

품 납품 과정에 문제가 있었다는 사실을 밝혀내고 시정을 요구한 바 있다.[14]

하지만 그 뒤에도 한수원은 서류의 위조 여부를 제대로 점검하지 않았다. "시정 요구를 받고 직원들을 교육했다"는 게 한수원이 내놓은 해명의 전부였다.

앞에서도 언급했듯이 원전은 수백만 개의 부품 중 어느 하나에 문제가 생겨도 멈춰 설 수 있다. 이런 특성상 품질 검증이 안 된 부품들이 쓰인 원전은, 극단적으로 말하자면 언제든 터질 수 있는 '시한폭탄'이나 다름없다.

핵분열은 격납용기 안의 원자로에서 일어나지만, 전원 공급 · 온도 조절 등 운전과 관련된 모든 제어는 격납용기 밖의 설비들(보통 '2차 계통'이라고 부른다. '1차 계통'은 원자로를 지칭한다)에서 이뤄지기 때문에 문제가 발생할 경우 사고로 연결될 수도 있다. 실제로 일본 후쿠시마 원전의 경우도 원자로와 직접적인 연관이 없는 2차 계통에서 문제가 발생한 바 있다.[15]

이 사건의 배경에는 수백억 원대의 원전 부품 시장을 놓고 벌이는 업체 간 피 말리는 경쟁도 자리 잡고 있었다. 경쟁하면 가격은 내려가고 소비자들의 편익은 증대되는 게 일반적이다. 하지만 부작용이 있다. 싼 가격에 납품하려다 보니 부품의 질이 떨어진다. 당시 한수원은 저가 낙찰제를 고수했다. 제작비용을 최소화해야 하는 업체들로선

14) 이승준, '원전 위조 부품, 정부 3월에 알았다' 〈한겨레〉 2012년 11월 10일자 6면.

15) 이승준 · 안관옥, '검증서 위조 부품 10년간 사용…구멍 뚫린 원전' 〈한겨레〉 2012년 11월 6일자 1 · 8면.

300만 원이라는 품질 검증 비용을 어떻게든 줄이고 싶었을 것이다. 당시 품질검증서 위조에 참여한 A업체 사장은 전화 통화로 억울함을 호소했다.

"나는 그냥 슈퍼마켓 주인이나 마찬가지예요. 도매상에서 물건 떼와서 납품하는 건데, 품질 검증 비용 싸게 준다고 하면 덥석 무는 거지…."

또 다른 B업체 사장도 마찬가지였다.

"우리는 피 터지게 입찰해서 납품한 죄밖에 없다고. 한 업체가 싸게, 빠르게 주니까 거기에서 구매한 것뿐이에요."

C업체 사장의 이야기도 구구절절하다.

"우리는 80원에 사서 입찰되면 20원 이득 보는 것밖에 없어요. 피 터지게 입찰하고 납기 맞춰 납품한 죄밖에 없어요."

그들에게 책임을 모두 뒤집어씌울 수는 없을 테다. 하지만 질문은 여전히 남는다. 그렇다면 안전은 누구의 책임인가? 싸구려 원전 부품이 가져올 엄청난 재앙을 그저 남의 탓으로 돌리고 넘어갈 것인가?

대기업, 품질 인증업체 연루된 총체적 비리

2013년 5월 28일 아침은 유독 화창했다. 원자력안전위원회의 긴급 브리핑 공지가 나오기 전까지는 말이다. 이은철 위원장이 굳은 표정을 한 채 직접 마이크를 잡고 기자들 앞에 섰다. 그의 이야기가 이어질수록 화창한 날씨는 관심사에서 점점 벗어났다. 원자력안전위원회 관계자들은 땀을 흘리고 있었다. 1년도 채 지나지 않아 품질 서류 위조 사건이 또다시 터졌다. 그런데 이번에는 부품의 중요도가 과거와 달랐다.

품질 서류, 정확히 말하면 시험성적서가 위조된 부품은 원자로 안에 들어가는 '제어케이블'이었다. 한수원은 1차 계통과 2차 계통의 고장과 사고를 엄격히 구분해왔다. 원자로 안, 즉 1차 계통에 생기는 문제가 더 심각하기 때문이다.

제어케이블은 원전 1기당 약 5km씩 설치돼 있다. 사고 발생 시 안전 계통에 제어 신호를 전달하는 부품으로 수소 감시 설비, 안전 주입 탱크, 안전 주입 펌프 등과 연결되어 있다. 즉, 제어케이블에 문제가 생기면 후쿠시마 원전 사고처럼 방사능 유출이나 폭발 등 심각한 상황이 발생할 수도 있다는 얘기다.

원자력안전위원회와 한수원은 냉각재 상실 사고(LOCA, loss of coolant accident) 시험을 거친 제어케이블의 납품을 요구하고 있다. 이 시험은 원자로의 냉각재가 상실된 것으로 가정하고, 최고 190℃의 고온과 약 4.5kg/cm²의 압력에 6시간을 노출시켜 케이블이 이를 견딜 수 있는지를 테스트한다. 그만큼 엄격한 기준을 적용한다. 그런데 원자력안전위원회의 발표에 의하면 이러한 시험을 통과하지 못한 제품이 버젓이 원전에 설치되었다는 것이다. 과정은 이렇다. 국내에는 아직 냉각재 상실 사고 시험을 진행할 설비가 없다. 그래서 국내 시험기관에서 캐나다의 검증기관에 의뢰했고, 12개의 시편(시험용) 가운데 3개만 합격한 것으로 나왔다. 나머지 케이블은 조건을 충족시키지 못한 것이다. 그런데도 이 '불량 부품'들이 원전에 설치됐다. 도대체 어떻게 이런 일이 생길 수 있었던 것일까?

새한TEP라는 시험기관이 캐나다 검증기관이 보내온 시험 그래프를 조작한 것이다. 그리고 이 케이블은 신고리 1 · 2호기와 신월성 1 · 2호기에 설치된다. 건설 중인 신고리 3 · 4호기에도 일부 설치되었음이 확인된다. 사태를 파악한 원자력안전위원회는 문제의 제어케이블이 설치된 원전의 가동을 중지하고 부품 교체에 나섰다. 검찰에 수사도 의뢰했다. 2013년 여름도 역시 지독한 전력난과 절전 스트레스를 피해갈 수 없었다.

이 사건이 충격적인 이유는 제품의 성능을 책임져야 할 시험기관이 오히려 시험 성적을 위조하고, 사업자인 한수원이나 안전규제기관이 10여 년 동안 이런 사실을 몰랐다는 점이다. 아래의 계통도를 보면 이해가 쉬울 것이다.

LS전선 계열사인 **JS전선**이 안전 기준에 미달하는 제어케이블을 납품

↓

시험기관인 **새한TEP**가 시험 결과를 조작

↓

한국전력 자회사인 **한국전력기술**(건설업으로 치면 감리회사)
서류 검토 통과

↓

한국수력원자력이 제어케이블 납품 받아 원전에 설치

원전 부품 시험기관은 '전력산업 기술기준'(전력산업 분야 KS)에 부합하고 대한전기협회의 인증을 받은 업체로, 국내에 7곳이 있다. 이 사건이 놀라운 것은 납품업체에서 자기들 성적표를 위조한 적은 있어도

이처럼 인증받은 기관이 조작에 가담한 경우는 처음이라는 점이다. 새한TEP가 시험 검증을 맡은 것은 이번만이 아니었다. 자료에 의하면 2010년 12월 1일부터 2012년 7월까지 모두 23건의 검증 프로젝트를 수주한 것으로 나온다. 국내 원전 10기와 아랍에미리트연합(UAE) 브라카원전(BNPP) 1~4호기다.

영세 중소업체가 아닌 대기업 계열사가 기준 미달 제품을 납품한 것도 눈에 띈다. 그동안 원전 비리는 작은 하청업체에서 발생했기 때문이다. 대기업인 LS전선 계열사인 JS전선은 우리나라 원전 대부분에 케이블을 납품한 업체였다.

제품을 원전에 설치하기 전, 최종적으로 서류를 검토하는 한국전력기술이 위조 사실을 까맣게 몰랐다는 점 또한 놀랍다. 최후의 안전장치마저 제대로 작동하지 않은 것이다. 한국전력의 자회사인 한국전력기술은 일종의 감리회사 역할을 한다. 부품 · 설비의 설치 전 최종 점검을 책임지고 있는 것이다. 만약 여기서 문제점을 제대로 잡아냈다면 이처럼 기준 미달의 제품들이 설치되는 일은 없었을 것이다. 자체적으로 검증하지 못했다는 점, 내부에서 알아채지 못했다는 점에서 1년 전의 복제품 사건과 닮아 있다.

원자력안전위원회에 신고리 3 · 4호기 제어케이블 서류가 위조됐다는 제보가 들어온 건 2013년 4월 26일이었다. 이번에도 경쟁 업체의 제보였다. 당시 의혹의 시선은 한수원→한국전력기술→새한TEP로 이어지는 얽히고설킨 관계로 향했다.

새한TEP의 대주주 · 이사인 고○○ 씨는 한국전력기술 부장 출신이었고, 부사장 남○○ 씨는 한국전력기술 처장 출신인 것으로 알려졌다.

새한TEP를 성능 검증기관으로 인증해준 대한전기협회에는 한수원(발주처) 사장과 JS전선(납품업체)의 모기업인 LS전선 대표가 임원으로 있었다. 조사 결과, 엄○○ JS전선 고문과 문○○ 전 간부, 이○○ 새한TEP 내환경 검증팀장, 이○○ 한국전력기술 부장을 포함한 새한TEP 임원과 한국전력기술 고위간부 등 7명이 모여 대책회의를 한 사실도 확인됐다. 또 납기 일자를 맞춰야 한다며 한수원 담당자가 직접 조작을 지시했다는 수사 결과도 추가됐다.

법원은 2013년 12월 열린 1심 재판에서 이들에게 중형을 선고했다. 사문서 위조 등으로 180여억 원의 이득을 본 혐의로 구속 기소된 엄 고문은 징역 12년을, 위조에 공모했던 한수원 · 한국전력기술 간부들은 징역형 또는 벌금형을 선고받았다. 오○○ 새한TEP 대표도 징역 4년을 선고받았다.

수사 과정에서 오 대표가 한국전력기술 간부들에게 골프 접대, 금품 접대 등을 한 사실이 드러났다. JS전선은 그 뒤 금품 로비의 증거가 밝혀지지 않아 혐의를 벗었지만, 회사의 명성에는 이미 치명적인 타격을 입은 뒤였다. 납품업체, 시험 검증기관, 최종 점검기관, 발주기관이 모두 연루된 이번 제어케이블 위조 사건은 원전 비리의 모든 것을 보여주는 '종합선물세트'와 같은 사건이었다.

우리 사회가 입은 피해도 컸다. 금전적인 피해만 놓고 보면 케이블 교체 비용으로 원전 한 기당 180억 원이 들었다. 교체하는 동안 원전을 세우면 그만큼 손해가 난다. 대체 전력을 생산하기 위해 LNG나 등유와 같은 비싼 원료를 수입해야 한다. 한수원 자체 추정으로 3조 원 안팎의 손실이 예상됐다. 여기에는 국민들이 겪어야 했던 '절전 스트레스'

는 돈으로 환산하기조차 어려울 것이었다. 무엇보다도 심각한 것은 '원전은 안전하지 않다'는 공포가 우리 사회를 휘감게 됐다는 점이다.

산업통상자원부는 2013년 6월 6일, 이 사건의 책임을 물어 김균섭 한수원 사장과 안승규 한국전력기술 사장을 면직 처리했다. 그러나 한 번 무너진 신뢰는 회복할 수 없었다. 도대체 무엇이 문제이기에 원전 비리가 2년에 걸쳐 끊이지 않고 터져 나왔던 걸까.

음료수 상자 속 돈뭉치의 의미

역치(閾値).

[명사] 생물이 외부환경의 변화, 즉 자극에 대해 어떤 반응을 일으키는 데 필요한 최소한의 자극의 세기.

"방사능 위험에 '역치'란 없다"는 말을 자주 한다. 아주 미미한 양이라도 인체에 위험할 수 있다는 경고다. 미국 국립아카데미(NA)의 국립연구위원회(NRC)가 낸 보고서는 "최소한의 방사능 선량도 인체에 암, 백혈병 등의 발병에 영향을 끼칠 수 있다"고 말한다.[16] 그럼에도 한수원, 한국원자력안전기술원 등은 "기준치 이하의 방사능 노출은 안전하다"고 강하게 주장한다. 안전을 주장하려면 '기준치'를 들먹일 게 아니라

16) National Research Council, 「BEIR VII Phase 2: Health Risk from Exposure to Low Level of Ionizing Radiation」(2006), 채은하 '적은 수준 방사능도 암·백혈병 발병 위험 높인다' 〈프레시안〉 2011년 4월 18일자.

그만큼 원전 운영을 엄격하고 철저하게 해야 한다. 하지만 30여 년 넘게 일궈온 '그들만의 리그'에서 벌어진 각종 비리를 보면 그럴 의지가 있는지조차 의심스럽다.

음료수 상자 속 돈뭉치

2011년 9월의 어느 날, 울산지검으로 한 통의 전화가 걸려 왔다. 이름을 밝히길 꺼린 한 시민이었다. "울산 남구에 있는 한 은행 지하주차장인데 어떤 남자가 현금 뭉치를 음료수 박스에 담고 있더라, 뇌물이 아닌가 의심이 돼서 신고한다"는 내용이었다.

이 전화는 '그들만의 리그' 속에서 벌어지는 온갖 불법과 비리를 세상 밖으로 끄집어내는 계기가 됐다. 울산지검 특수부는 은행 폐쇄회로텔레비전(CCTV)을 분석해 그 의문의 남성이 한 원전 납품업체의 대표인 것을 확인했다. 통화 내역 조회 등을 통해 음료수 상자에 담긴 5000만 원이 고리원전 김○○ 부장에게 전달된 사실이 드러났다. 검찰은 한수원 간부 22명을 포함해 모두 31명을 구속하고, 16명을 불구속 기소했다. 이들의 비리를 살펴보기 위해 2012년 1월부터 2013년 6월까지 나온 판결문 28건의 내용을 들여다봤다.

규격 미달 부품 설치

원자로 건물에 쓰이는 보온재를 납품하는 ㄷ사 대표 김○○ 씨는 2008년부터 고리원전 2호기에 들어갈 제품을 만들었다. 격납건물 내부의 배관 등에 사용되는 보온재는 내진·내열 성능 점검을 거쳐 인증된 특수 보온재를 써야 한다. 설치할 때도 스테인리스 케이스로 감싼 뒤 '이중 클립'으로 고정해야 한다. 하지만 김씨는 비용 절감을 위해 화재나 충격에 약한 일반 보온재를 썼다. 또 원전 안에 설치할 때에도 이중 클립이 아닌 일반 클립으로 고정했다. 고리원전 기계팀에서 근무하던 박○○ 과장은 보온재 설비를 관리·감독해야 하는 위치였지만, 그 사실을 알고도 눈감아줬다. 그 대신 김씨로부터 3년 동안 4억 5200만 원을 받았다. 규격 미달 보온재는 화재·지진이 발생하면 바닥에 떨어져 취수구를 막고, 펌프로 유입된 물의 흐름을 막아 스프링클러 작동을 방해한다. 이렇게 되면 원자로의 폭발 위험성이 커진다.

울산지방법원(이하 울산지법)은 김씨에게 징역 3년 6월의 실형을 선고했다. 판결문은 "원전에 예기치 못한 사고가 발생할 경우 피해는 상상을 초월하는 것이고 돌이킬 수 없는 결과를 초래한다. 규격 미달 보온재를 설치한 행위는 한수원의 부패 중에서도 불법성과 비난 가능성이 가장 크다"고 밝혔다.

입사 동기가 이어준 비리

한국전력 출신으로 퇴직 후 원자력컨설팅 업체를 운영해온 이○○ 씨는 한수원에서 계약을 따낼 '끈'으로 '한국전력 입사 동기'를 찾았다. 한수원 처장으로 근무했던 동기는 한수원 품질보증실의 입찰·구매 담당인 김○○ 차장을 소개해줬다. 한수원에 내부 인맥을 만든 이씨는 원전 납품을 희망하는 업체 대표들을 만나 한수원 납품업체 등록을 돕겠다면서 추진비를 요구해 두 업체로부터 3000만 원씩 모두 6000만 원을 받았다. 이 돈은 한수원 김씨에게 흘러들었고 그는 한수원 기술검사 담당 직원들에게 납품업체 두 곳의 입찰 서류를 검토해달라고 부탁했다. 예상대로 두 군데 납품업체는 등록이 이뤄졌고 김씨는 그 대가로 1000만 원을 받아 챙겼다. 그러나 2012년 4월 검찰의 납품 비리 사건 수사로 이씨의 '비리 컨설팅'은 덜미를 잡혔다. 울산지법은 지난해 11월 전 김씨에게 징역 1년 6월에 벌금 2000만 원, 이씨에게는 징역 4년을 선고했다.

'업(UP) 견적서'의 마법

한수원 터빈과장 신○○ 씨는 발전소 유지 · 보수 업무를 하는 한전KPS 직원 이○○ 씨와 3년 가까이 터빈팀에서 함께 일한 사이다. 유지 · 보수 업무 담당자였던 신씨는 구매 업무도 함께 맡으면서 '납품 사기 아이디어'를 생각해냈다. 터빈밸브 작동기 납품 계약을 맺은 ㅎ업체 대표와 짜고 발전소 안에 방치돼 있던 터빈밸브 작동기를 고쳐 새 제품처럼 둔갑시킨 뒤 이를 납품하기로 한 것이다.

구체적인 작업은 평소 ㅎ업체와 가까웠던 이씨가 맡았다. 그는 고장난 터빈밸브 작동기를 트럭으로 옮겨, ㅎ업체 직원에게 망가진 부분을 세세히 알려줘 수리하게 했다. 이들은 녹을 벗기고 시너 · 기름으로 깨끗이 닦아내 새 제품으로 둔갑시킨 3대의 터빈밸브 작동기를 한수원에 납품했고 대금 12억 원을 챙겼다.

한수원, 한전KPS, 납품업체가 합작한 이 '납품 사기'는 완벽해 보였다. 그러나 ㅎ업체 퇴직자의 제보로 비리가 드러났다. 부산지방법원은 신씨에게 징역 3년, 이씨에게 집행유예 2년을 선고했다.

녹슨 기계가 새것으로 둔갑하기도 했지만, 멀쩡한 계약서를 통해 뇌물이 오고 가기도 했다. 한수원 영광원자력본부 계측제어팀장이던 정○○ 씨는 2011년 ㅇ사와 원전 계측제어시스템(MMIS)을 개발해 공급하는 내용의 계약을 맺었다. 겉으로 보기에 아무런 문제가 없는 계약이었다. 그러나 그 안에는 ㅇ업체가 적정 가격보다 2억 원을 부풀린 이른바 '업(up) 견적서'가 들어 있었다. 1년 전, 정씨는 이를 눈감아주는 조건으로 8000만 원을 받기로 이미 이야기가 되어 있었다. 마침내 계약이 성사되자 정씨는 발전소 근처 식당에서 두 번에 걸쳐 약속한 돈을 받아 챙겼다. 부산고등법원은 정씨에게 징역 7년에 벌금 2억 3000만 원을 선고했다.

돈이면 다 된다

한수원 본사 관리처장 김○○ 씨는 자재구매 등을 담당하면서 납품업체와 접촉이 잦았다. 그는 외국 납품업체가 한수원의 협력업체로 등록할 수 있도록 중개 역할을 하는 이른바 '브로커'로부터 용돈을 받으며 친밀한 관계를 유지해왔다. 2008년 브로커가 담당하는 핀란드 회사의 제품 기술규격이 한국과 달라 협력업체 등록이 어렵게 되자, 김씨가 나섰다. 그는 "기술부서 직원들을 설득해달라"는 부탁과 함께 3000만 원을 받았고, 결국 핀란드 회사는 2010년 1월 협력업체로 등록됐다. 그리고 울진원전 1·2호기 비상발전기 입찰에 참여해 9200만 원 규모의 계약을 따냈다. 울산지법은 김씨에게 징역 5년을 선고했다.

☢ 골프채 · 성접대는 기본

한수원 울진원자력본부 발전팀장 정○○ 씨는 2010년부터 2년 동안 사내 자료인 본사 발전본부의 '일일 업무보고 일지'를 협력업체인 ㅅ사 대표 오○○ 씨에게 건넸다. 당시 일지엔 입찰과 관련한 정보도 담겨 있었다. 그러고 나서 정씨는 대가를 요구했다. 2011년 6월 "인사 청탁을 위해 발전소장에게 선물해야 한다. 골프 퍼터 하나만 사 달라"며 오씨에게 골프채를 받아냈다.

한수원 월성원자력본부 총무팀 차장이던 한○○ 씨는 회계 담당이다. 그는 한수원이 골재 채취용으로 가지고 있던 땅을 사들이고 싶어 하는 ㅇ사 공동대표 박○○ · 전○○ 씨를 알게 됐다. 수의계약으로 땅을 쉽게 살 수 있도록 힘써달라는 이들의 청탁은 유흥주점에서 이뤄졌다. 한 달 간격으로 박씨와 전씨가 번갈아 그를 울산의 한 유흥주점으로 '모셨다'. 한씨는 이들의 돈으로 두 번에 걸쳐 성매매를 하고, 현금 1500만 원까지 따로 챙겼다.

"경쟁이 치열할 것 같습니다. 경영지원처장한테도 낙찰 가격이 8억 원 이상 될 것 같다고 보고했습니다. 그러니 알아서 하세요."

접대를 받은 한씨는 ㅇ사에 정보를 흘렸다. ㅇ사는 입찰금으로 약 10억 원을 써냈다. 예상대로 낙찰은 받았지만 문제는 2순위 매수자가 그보다 3억 원이나 낮은 액수를 써냈다는 사실이었다. 바가지를 썼다고 생각한 ㅇ사 대표들은 비리 사실을 한수원에 제보했다. 한씨는

5000만 원을 대출해 사건을 무마해보려 했지만 이미 늦었다. 울산지법은 2012년 11월 한씨에게 징역 1년에 벌금 3500만 원, 박씨 · 전씨에게는 각각 징역 8월을 선고했다.

☢ '투잡' 뛰는 직원

고리원전 전기팀 과장 김○○ 씨는 아내 이름으로 세운 회사가 있었다. 고리원전에 공사 인력을 연결해주는 업체 ㅈ사였다. 당연히 한수원 직원들은 취업 규칙에 따라 영리 활동을 할 수 없다. 그런데 이 사실을 계측제어팀 과장 최○○ 씨도 알게 됐다. 그는 김씨로부터 1000여만 원을 뇌물로 받고 이 사실을 회사에 알리지 않았다. 그 대신 ㅈ사에 일감을 몰아주기까지 했다. 울산지법은 최씨에게 징역 1년에 벌금 1000만 원을 선고했다.

앞에서 언급한 사례들 외에도 검찰 원전 비리 수사단은 한수원과 연관된 꽤 많은 의혹과 제보를 들여다봤다. 하지만 비리의 규모가 워낙 방대해서 제대로 밝혀내기가 어려웠다. 당시 원전 비리를 수사했던 한 검찰 간부는 "원전 하나에 들어가는 부품만도 어마어마하게 많다. (관련된 업체 등 수사 규모가) 너무 방대해서 다 들여다볼 수 없었다. 지금까지 검찰 수사는 빙산의 일각만 밝혀냈다고 보면 된다"고 말하기도 했다.[17]

17) 이경미 · 김원철, '판결문 · 검찰 수사로 본 원전 비리 복마전' 〈한겨레〉 2013년 6월 3일자 3면.

한수원 구속 1호 사장

'원자력계 엘리트' 김종신 사장

"평소 늘 제가 강조했던 이야기지만, 우리에게 있어 최고의 가치는 안전성과 청렴성이라는 것을 요즘 더욱 절감하게 됩니다. 이 두 가지를 겸허한 자세로 철저히 지키며 환골탈태하기 위해 노력한다면, 지금의 어려움을 극복하고 국민의 신뢰를 회복할 수 있다고 확신합니다. 결코 의기소침하거나 좌절해서는 안 될 것입니다."[18]

김종신 한수원 사장이 서울 삼성동 한국전력 대강당의 연단에 서서 직원들을 내려다보며 말했다. 그가 선 이 연단은 13년 전 한국전력과 한수원의 분할 서명식이 열렸던 곳이기도 했다. 한수원 사장으로 마지막 근무를 마친 그는 직원들과 일일이 악수를 하며 아쉬움을 달랬다.

18) 김종신 한수원 전 사장 이임사(2012년 5월 21일) 중에서 발췌.

5년 2개월. 그는 한수원이 문을 연 이래로 가장 긴 기간 동안 근무한 사장이었다. 원자력산업계의 1세대이자 한수원 출신인 그는 한수원 역사상 처음으로 연임에 성공한 사장이었다. 그러나 원전 비리 사건 이후, 그는 가장 '아이러니'한 인물이 되었다. 원자력계 엘리트로 가장 높은 자리에 오른 인물이면서 동시에 온갖 비리의 전형이 되었기 때문이다.

한수원 자료와 언론 보도 등으로 알려진 김 사장의 개인사는 드라마틱하다. 한때는 이명박 전 대통령의 성공 신화에 빗대는 이들도 있을 정도였다. 경남 마산 출신으로 마산공고, 서울대 기계공학과를 졸업한 그는 집안 사정이 넉넉지 못해 학창시절 내내 장학금을 받아서 공부를 이어갔던 것으로 알려져 있다.

원자력공학과 출신이 아닌 그가 한수원 사장까지 오르게 된 계기는 역시 '장학금'이었다. 서울대 재학 시절, 그는 원자력 인력을 양성하기 위한 장학금 제도의 혜택을 받았다.

"서울대 기계공학과에 재학할 때 '한전 장학금'으로 공부했어요. 이 무렵 '원자력을 도입한다'는 얘기를 듣게 됐어요. 원자력에 아주 흥미를 느끼고 있었고 인생을 걸어볼 만하다고 생각해 1972년 졸업 후 한전에 입사했어요. 첫 근무지는 '부산화력'이었는데 1년쯤 지나자 회사에서 '원자력 요원을 전국적으로 선발한다'고 해요. 망설임 없이 지원했죠. 영국으로 6개월간 원자력 연수를 받으러 가면서 원전과의 인연이 시작됐습니다."[19]

19) 허만섭, '공기업 개혁 현장을 가다 ⑦: 한국수력원자력 김종신 사장 1200조 원 세계 원전시장의 빅3 된다.' 〈신동아〉 605호(2010년 2월 1일).

김 사장은 한국전력에 입사한 뒤 우리나라 첫 원전인 고리원전 1호기 현장에서 근무했으며, 프랑스 파리사업소장 등 40년 동안 원전과 관련한 현장 곳곳에서 근무했다. 그가 거쳤던 곳만 건설관리실장, 원자력발전처장, 고리원자력본부장, 한수원 발전본부장 등으로 한국전력과 한수원에서도 핵심 가운데 핵심인 자리였다. 자연스레 그는 원자력산업계 안에서도 '실력파'로 알려졌다. 김 사장과 함께 근무했었던 한수원의 한 현직 고위 관계자는 "근무 당시, 조직 안에서는 이른바 '실력자'로 유명했다. 일 처리도 상당히 깐깐했다. 다른 처장급 간부들보다 업무 처리 능력 면에서 월등했다"고 말했다.

독보적인 원전 전문가였던 김 사장의 한수원 생활은 2002년 이후 약 5년 동안 공백기를 갖는다. 한수원 발전본부장(상임이사)을 끝으로 퇴임했기 때문이다. 그러나 아예 업계를 떠난 것은 아니었다. 한국전력의 발전 자회사 가운데 한곳으로 화력발전 운영을 맡고 있는 한국서부발전 대표이사로 자리를 옮긴 그는 2007년 4월 한수원 사장으로 화려하게 복귀했다.

김 사장의 재임 기간은 이른바 '원전 르네상스'가 펼쳐지던 때였다. 이명박 정부가 정책적으로 원전 부흥 카드를 던졌고, 그 중심에 한수원이 있었다. 김 사장은 3년 임기를 모두 채웠지만, 정부로부터 UAE 원전 수출의 공을 인정받아 2010년 4월 연임에 성공했다.

하지만 이후 악재가 터졌다. 원전의 고장과 사고가 이어졌고, 곳곳에서 '한수원 책임론'이 불거져 나왔다. 결정적으로 고리원전 1호기의 전원 상실 사고가 뒤늦게 알려지면서, 정치권 등에서 한수원 사장의 사퇴 압력이 거세졌다. 결국 그는 2012년 4월 17일 사표를 제출하고 오랜 한수원 생활에 마침표를 찍었다.

비록 사고의 책임을 지고 사장직에서 물러났지만, 여기까지는 한 시대를 장식한 원전 전문가로서의 성공한 삶이다. 그의 이임식은 그야말로 '원전 역군'의 명예로운 퇴직을 축하하는 자리였다. 그러나 '성공한 선배'를 향한 박수 소리는 1년도 채 지나지 않아 그칠 수밖에 없었다.

긴급체포… 사장도 비켜가지 못한 부패의 블랙홀

원전 비리 수사가 전방위로 확대된 것은 제어케이블 위조 사건이 불거지고 나서부터였다. 김기동 부산지방검찰청 동부지청장을 중심으로 꾸려진 검찰 원전 비리 수사단은 2013년 7월 5일 서울 성동구에 있는 김 사장의 집으로 향했다. 수사의 칼끝이 전직 한수원 사장에게까지 향하게 된 것이다. 검찰은 이날 "법원으로부터 체포 영장을 발부받아 서울에서 김 전 사장을 체포한 뒤 부산으로 압송했다"고 밝혔다. 한수원을 대표하는 그가 포박된 채 검찰 수사관들에게 압송당하는 장면이 뉴스를 타고 흘러나왔다. 원전 비리 수사가 한수원 내부뿐만 아니라 정 · 관계로 확대될 수 있다는 관측까지 나오기 시작했다.

김 사장은 2014년 9월, 2심 선고를 받았다. 1심보다 형량이 다소 준 징역 5년에 벌금 2억 1000만 원을 선고받은 상태다. 현재 그는 대법원에 상고한 상태이지만, 재판 과정에서 드러난 그의 뇌물 수수 내용은 한수원 조직의 '건강성' 자체를 의심할 정도로 심각했다. 우리나라 원자력산업계를 이끌어온 선구적인 인물이라고 하기엔 그동안의 비리가 말 그대로 '참담한 수준'이었기 때문이다. '안전성과 청렴성'을 강조

했던 그의 이임사가 더욱 빛바래 보이는 이유이기도 하다.[20]

김 사장은 재임 기간 동안 하청업체의 입찰 편의를 봐주는 대가로 큰돈을 챙겨왔던 것으로 나타났다. 원전 용수 처리 업체인 한국정수공업 대표 이○○ 씨는 2009년 7월부터 반년 가까이 김 사장을 만나 "각종 계약과 관련한 편의를 제공해달라"는 청탁을 했다. 김 사장은 이씨와 다섯 차례 만나면서 매번 500만~5000만 원씩 모두 1억 3000만 원을 받은 혐의가 있다. 이 업체로부터 돈을 받아 챙긴 건, 김 사장뿐만 아니라 전무 박○○ 씨도 마찬가지였다. 한국정수공업은 2002년부터 10년 넘게 한수원의 원전 용수 처리시설 사업을 도맡아온 업체로 UAE 바라카원전 1~4호기 건설에도 참여했다.

돈뭉치를 건네는 방법은 상상을 초월했다. 김 사장은 대부분 식당에서 이씨를 만나 돈을 건네받았다. 이씨는 자기 회사에서 생산하는 500ml짜리 생수 6병이 들어가는 선물용 상자를 들고 식당에 나타나곤 했다. 이씨는 검찰 조사에서 "상자에서 물 2병을 뺀 뒤, 그 자리에 5만 원권 100장 묶음 10개를 넣었다"고 구체적으로 진술했다. 생수 상자 대신 와인 상자를 건네받기도 했는데 거기에도 500만 원이 빼곡히 들어 있었다.

당시 한수원은 국내 모든 원전에 설치된 용수 처리 설비들을 유지·운영·보수하는 데 필요한 경상정비 계약(O&M, operation and maintenance)을 3년마다 갱신했다. 생수 상자의 영향력이었을까. 한국정수공업은

20) 김종신 한수원 전 사장의 재판 내용은 1심 판결문[사건번호 2013고합129·164(병합)]과 2심 판결문(2013노195)을 참고했다.

2002년 4월부터 이 계약을 계속해서 따냈고, 2011년 9월에도 원전 용수처리설비 O&M을 맺을 수 있었다.

김 사장은 인사 청탁도 받았다. 물론 그 대가로 현금이 오고 갔다. 한수원 직원이 승진을 부탁하며 하청업체 사장을 통해 건넨 2000만 원은 김 사장의 집으로 향했다. 뇌물은 한수원과 하청업체 사이에만 머물지 않았다. 김 사장은 당시 원전 관련 정책을 담당하고 있던 박영준 지식경제부 제2차관을 2010년 10월 서울 강남의 한 음식점에서 만나 "원전 관련 정책을 수립하면서 한수원의 입장을 잘 고려해달라"는 취지로 현금 200만 원을 건넸다. 뇌물은 수시로 대범하게 이뤄졌다. 이듬해 4월에는 과천에 있는 지식경제부 제2차관실 안에서 현금 500만 원을 건넸다. 박영준 전 차관도 뇌물을 받은 혐의로 징역 6개월을 선고받았다.

사장부터 사원까지 이어지는 구조적 비리

한수원 사장까지 연루된 원전 비리는 부패의 깊은 뿌리를 보여준다. 그래서일까. 김 사장의 구속 후에도 한수원의 '악몽'은 계속됐다.

2014년 3월 검찰 원전비리 수사단은 이청구 한수원 부사장의 삼성동 집무실을 압수수색했다. 이 부사장은 월성원전 제1발전소장, 한수원 발전처장, 월성원전본부장을 거쳐 한수원 부사장 겸 발전본부장에 오른 인물이었다. 충격적이었던 건 그가 새로 부임한 김균섭 사장이 '개혁의 파트너'로 끌어온 사람이라는 점이었다. 한수원 안에서 청렴하다고 평가받는 인물이던 그가 수사선상에 올랐다는 사실 자체로 조직은 '결정타'를 입은 것이나 다름없었다. 압수수색 사흘 뒤, 이 부사장은 원전 납품 업체한테서 금품을 받은 혐의로 구속됐다. 2014년 8월 그는 징역 8월과 추징금 1500만 원을 선고받았다.

김종신 사장의 1심 재판을 맡았던 부산지법 동부지원 형사1부(김문관 부장판사)는 선고를 내리며 이렇게 말했다.

> "어떤 공무원보다 청렴성과 공정성을 유지하려고 부단히 노력해야 할 피고인이 5년간 납품 또는 인사청탁과 함께 1억 7000만 원을 받았고 주무 부처 차관에게 뇌물을 제공해 죄질이 나쁘다. 원전산업의 대표적인 인물 가운데 1명이고 한수원 수장으로서 최근까지 나온 일련의 원전 납품 비리와 가동 중단 사태에 자유로울 수 없는 피고인이 부패범죄를 저질러 국민이 원전 안전에 대한 신뢰에 의구심을 가지게 해 더욱 책임이 무겁다."

한수원은 경영진의 잇따른 비리와 사회의 질타로 한없이 휘청거렸다. 이쯤 되면 어디에서부터 칼을 대야 할지도 알기 어려운 상황이다. 한수원은 급한 대로 감사 조직을 확대하는 '응급조치'를 꾀했다. 2012년 당시 46명이던 감사실 인원을 2014년에는 54명까지 늘렸다. 모두 11명인 기동감찰팀에는 검찰과 경찰 출신 인력을 보강했다.[21] 당시 감사 업무를 담당했던 한 직원은 "기동감찰팀에서 마치 암행어사처럼

21) 한국수력원자력, 「김제남 의원 요구 자료: 2013년 한수원 감사인력 현황–인원, 조직 보강 과정 내역, 적발 실적, 비밀 감찰팀 운영 현황 등」(2014년 9월 2일)

원전 근처를 돌아다니며 정보를 수집한다. 음식점 등 직원들이 가는 곳에서 신분을 밝히지 않은 채 직원들의 대화 등 동태를 살핀다"고 말했다. 이미 정상적인 감사로는 비리를 막을 수 없는 상태라는 뜻이기도 하다.

한수원 출범 당시 미비했던 감사 기능이 비리를 부채질했다는 평가도 있다. 2001년 한국전력에서 한수원이 분리해 나올 당시, 한수원의 감사 인력은 10여 명이 전부였다. 전 감사실 직원은 이렇게 말했다.

> "만약에 한국전력에서 분리되지 않았다면 비리 사건이 이 정도까지는 안 터졌을 것이라고 생각한다. 한국전력의 감사 기능이 한수원보다 좀 더 촘촘했기 때문이다. 물론 예전에도 원전 비리가 없었던 건 아니다. 전두환·노태우 정부 시절에도 많았다. 하지만 (원전 비리가 드러난) 지금의 부패 정도가 100이라면 그때는 10에도 못 미쳤던 것 같다."

원전 비리는 현재 진행 중

원전 비리 사건은 아직 끝난 게 아니다. 이 책을 쓰고 있는 2014년 하반기 현재에도 검찰 수사는 여전히 진행 중이다. 원전 비리가 '끝나지 않은 현실'이라는 점은, 국회 산업통상자원위원회 국정감사를 앞두고 쏟아지는 자료를 보면 여실히 느낄 수 있다.

김제남 정의당 의원실이 한수원으로부터 제출받은 자료를 분석한 결과, 한수원은 2012년 말부터 2014년 상반기까지 시험성적서 등 품질 보증 서류 위조와 관련해 업체 256개와 업체 관계자 238명, 한수원 직원 21명을 검찰에 고발한 것으로 나타났다. 2번 이상 고발한 경우만 해도 업체 141개와 관계자 154명, 한수원 직원 19명이 해당한다. 비리가 한 번으로 끝나지 않는다는 얘기다.

원자력안전위원회는 2013년 10월 10일 원전 비리에 대한 중간발표를 내놨다. 이후 2014년 10월 1일까지 고발 업체 수는 133개, 고발인 수는 131명이며, 이 중 23개 업체와 27명이 기소됐다. 중간발표 뒤의 고발 업체와 고발인 수가 전체의 52%, 55%로 절반이 넘는다. 이는 원전 비리가 중간발표를 계기로 줄기는커녕 더 늘고 있다는 것을 보여준다.[22]

정홍원 국무총리는 제어케이블 서류 위조 사건이 발표된 지 사흘 뒤인 2013년 5월 31일 "천인공노할 중대한 범죄"라며 분노했다. 하지만 아무리 분노해도 이미 사건은 벌어진 뒤다.

폴 오스터의 소설『브루클린 풍자극』에는 이런 장면이 나온다. 죽음의 고비를 넘긴 주인공 네이선이 병원을 나선다. 그가 행복을 느끼는 순간은 9·11 테러가 벌어지기 딱 46분 전이었다. 곧 3000명이 죽고 머리 위로 죽음의 재가 쏟아져 내릴 터이지만, 그는 생각한다.

> "하지만 그때는 아직 오전 여덟 시였고, 눈이 시리게 푸른 하늘 밑에서 거리를 따라 걷는 동안 나는 행복했다. 그때까지 살아왔던 어느 누구 못지않게 행복했다."[23]

---

22) 김제남 정의당 의원실 보도자료,「원전비리는 여전히 진행 중!」(2014년 9월 23일)
23) 폴 오스터 지음 · 황보석 옮김,『브루클린 풍자극』(열린책들, 2005년) 중에서.

잠시 후에 찾아올 불행과 파탄을 알지 못한 채 원자력이 안전하다는 믿음 속에서 살고 있는 우리도 어쩌면 소설의 주인공과 같은 처지가 아닐까.

2부

한수원을 부검하라

‘원전 마피아’의 잉태기

원전 독점 공기업, 한수원

‘천년 고도’ 경주에는 불국사, 다보탑만 있는 게 아니다. 한수원 본사도 있다. 경주 시내 두 곳과 서울 강남구 삼성동 한국전력 사옥 등에 뿔뿔이 흩어져 있는 한수원 직원들은 2016년 완공을 목표로 공사 중인 경북 경주시 양북면 장항리 한수원 본사로 한데 모일 계획이다. 2006년 1월 양북면에 중저준위 방사성 폐기물 처분장이 들어서기로 결정되면서, 지역 발전 정책 가운데 하나로 한수원 본사가 경주로 이사를 오게 된 것이다. 한수원은 이미 지난 2010년 법인 주소를 경주로 옮겼다. 본사 이전을 준비하는 이른바 ‘선발대’ 직원 200여 명이 이사를 준비 중이다.

우리나라 원자력산업의 역사는 이미 50년이 넘었지만, ‘한수원’이라는 간판은 그리 오래되지 않았다. 2000년대 초 한국전력에서 분사한 한수원은 모기업인 한국전력이 발행 주식 2억 4244만 2838주(2014

년 4월 기준) 전부를 보유한 '비상장 공기업'이다. 한수원이 소유하거나 지분을 투자하고 있는 업체도 딱 두 곳뿐이다. 캐나다 현지에서 우라늄 자원 개발을 진행하는 'KHNP Canada Energy'와 연료전지 개발사업을 하는 '경기그린에너지'가 바로 그것이다.[24]

한수원은 한국전력의 6개 발전 자회사 가운데에서도 독특한 지위를 점한다. 한국중부발전, 한국남부발전, 한국서부발전, 한국남동발전, 한국동서발전 등 나머지 자회사들은 화력 · 열병합 발전시설을 운영한다. 한수원은 유일하게 원자력 · 수력 발전시설의 운영권을 독점하고 있다.

이러한 한수원의 '특수성'은 회사 규모에서도 드러난다. 한국전력에 이어 두 번째로 몸집이 큰 에너지 공기업이기 때문이다. 대한상공회의소가 공개한 2013년 말 기준 기업 정보[25]에 의하면, 자산 규모 46조 7177억 600만 원으로 재계 22위다. 순수한 에너지 관련 기업으로만 본다면, 한수원은 한국전력(12위, 98조 2499억 2700만 원)에 이어 두 번째로 몸집이 큰 기업이다.

한수원의 가장 큰 임무는 원전 운영이다. 고리원자력본부, 한빛(영광)원자력본부, 월성원자력본부, 한울(울진)원자력본부를 두어 전국 네 군데 지역에 있는 원전 23기를 운영 · 관리하고 있다. 새로운 원전 건설, 원자로 개발 등 원전과 연관된 기술의 연구 개발(R&D)도 한수원의

24) 금융감독원 전자공시시스템, 『한국수력원자력 분기 보고서』(2013년) 중 '1. 회사의 개요'

25) 대한상공회의소 코참비즈(KORCHAMBIZ)의 기업정보(http://www.korchambiz.net) 참조.

몫이다. 한수원은 2014년 상반기에만 8만 607GWh(기가와트시)의 전력을 생산했다. 이 가운데 원자력이 96.7%, 수력은 3.3%를 차지한다. 수력도 한수원 사업의 일부분이지만, 실질적으로 무주 · 산청 · 삼랑진 · 양양 · 예천 · 청송 · 청평 등 7곳의 양수발전소가 차지하는 비중은 높지 않다.

이렇게 생산된 전기는 한국전력거래소(KPX)를 통해 팔린다. 우리나라 전력은 2001년 문을 연 전력거래소가 한수원을 포함한 여섯 개 발전 자회사와 민간 발전사(포스코에너지, SK E&S, GS EPS 등 화력, 가스터빈 발전소를 운영하고 있는 민간업체들) 등에서 생산한 전기를 수요에 맞춰 구입하는 구조다. 한수원은 2014년 상반기 동안 국내 전력 생산량 22만 7239GWh(자가 발전량 제외)의 35.5%를 생산했다. 전력거래소를 통해 벌어들인 수익만 4조 7493억 7300만 원에 이른다.

이승만 정부, 첫 삽을 뜨다

그렇다면 우리나라 원자력산업은 어떻게 성장해온 걸까? 한수원의 구조적인 원전 비리를 이해하려면 '첫 삽'을 어떻게 떴는지를 살펴봐야 한다. 해외 원조로 시작한 원자력산업이 왜 정부 주도로 이어졌는지, 그리고 원자력산업계의 인적 구조가 왜 폐쇄적일 수밖에 없는지를 알아야 한다.

한반도에 원자력산업이 도입된 건 1950년대 무렵이다. 미국의 원자폭탄 투하로 막을 내린 태평양 전쟁과 5년 뒤 일어난 한국전쟁의 상흔이 채 아물기 전이었다. 원자력이 본격적으로 추진된 건, 1953년 아이젠하워 미국 대통령이 국제연합(UN) 총회에서 '원자력의 평화적 이용'을 위해 국제원자력기구(IAEA)의 창설을 주장하면서부터다. 우리나라는 1956년 8월 8일 IAEA 회원국으로 가입하고 "원자력발전 등 평화적인 목적으로 핵을 이용하려는 나라에 기술을 제공하겠다"고 밝힌 미국과 실무 협상을 시작했다. 이때 이뤄진 것이 최근 박근혜 정부가 사용후 핵연료의 재처리시설을 만들기 위해 미국과 재개정을 논의하고 있는 '한미 원자력 협정'이다. 당시 우리나라는 "원자력을 군사적 목적으로 활용하지 않는다"는 약속을 한 뒤 회원국이 될 수 있었다.

이렇듯 원전 건설이 일사천리로 이뤄진 데는 정치적인 상황도 한몫했다. 북한으로부터 간헐적으로 전기 공급을 받던 남한 입장에서는 낙후한 전력 사정을 개선하는 게 시급했다. 냉전 체제 아래 북한과의 대결 구도가 원전 추진의 가속도를 붙게 한 것이다.

이승만 정부는 구체적인 정책의 틀을 짜기 시작했다. '원자력법'의 뼈대가 세워진 것도 이때다. 이미 원전을 추진하고 있던 미국, 영국, 일본 등의 법률을 바탕으로 전문 13조의 법안이 1958년 2월 국회를 통과했다. 같은 해 10월 1일, 대통령령으로 정부 조직인 '원자력원'(이후 과학기술처 산하 원자력청으로 개편)이 문을 열었다. 당시 대통령 직속기관으로 탄생한 원자력원에는 원자력위원회와 원자력연구소(현 한국원자력연구원)가 세워졌다. 이들 기관의 역할은 원자력산업 추진이었고 이를 통해 각종 연구와 인력 육성 등이 이뤄졌다. 하지만 이때까지만 해도 원전은 이른바 '테스트 베드'(testbed, 시험대) 수준에 머물고 있었다.

정부 주도의 원자력 인력 양성[26]

원전을 세우려면 이를 운전할 인력이 필요하다. 정부 주도의 이른바 '원자력 장학생'이 등장한 것도 이 무렵이었다.

1956년 문교부(현 교육부) 기술교육국 아래에 '원자력과'가 새로 만들어졌다. 이곳에서는 우선 2명의 연구생을 뽑아 미국 국제협력처(ICA) 지원금으로 연수를 보냈다. 1956~1962년 사이에 모두 200여 명의 연구생이 미국, 영국으로 파견을 나갔다.

그러나 정부가 주도한 초창기 원자력 인력 양성 프로그램은 그리 성공적이지 않았다는 평가가 많았다. 1955~1964년 사이에 파견된 237명의 연구생 중 국내로 돌아온 이들은 150명뿐이었다. 나머지는 해외에서 취직을 했다. 국내에 돌아온 사람 중에도 다른 분야에서 일하거나 다시 해외로 나간 경우가 많았다. 국내에는 마땅한 일자리가 없었던 것이다. 정부로서도 상업운전 중인 원전이 없는 현실에서 연구생들을 잡아두기가 어려웠다.

원자력 인력이 본격적으로 확충되기 시작한 건 1965년 정부가 상업용 원전을 적극적으로 검토하면서 '원자력발전 심의회'를 설치하면서부터다. 한국전력이 원자력발전 사업을 맡은 것도 이 무렵이다. 이전까지 정부는 건설 주체를 원자력청으로 하거나 캐나다원자력공사(AECL)나 영국원자력공사(UKAEA)의 사례처럼 새로운 정부 기구를

---

26) 한국수력원자력, 『꿈꾸는 에너지 아름다운 미래 : 원자력발전 삼십 년사 1』(2008년) 참조.

만들어 원전을 운영할지, 아니면 이미 화력발전소 운영을 맡고 있던 한국전력에 사업을 맡길지에 대해 논의하고 있었다. 그러다가 1968년 마침내 한국전력이 우리나라 원전 건설과 운영 주체로 최종 낙점됐다. 한국전력→한수원으로 이어지는 원전 공기업 시대의 서막이 오르는 순간이었다.

한국전력 원자력실은 유네스코(UNESCO)의 후원을 받아 영국 하웰 원자력학교와 영국 콜더홀 원자력발전소에 직원을 파견했다. 김종주 기술이사(이후 한국전력기술 초대 사장, 한국원자력연구소 부소장)을 중심으로 오스트리아 원자력연구소와 원자력연구원에서 일하다 한국전력으로 온 노윤래 계장(이후 한국원자력연료 사장), 그리고 문희성 과장(이후 한국전력 이사장) 등이 원전 건설의 주요 업무를 맡았다. 초창기에는 사내 교육을 통해 원자력 관련 인력을 확보했는데, 그 뒤에는 한국원자력연구소 산하 원자력연수원에서 6주 과정의 위탁 교육을 진행했다. 이 과정에서는 핵물리학, 원자로이론, 원전연료 등 17개의 필수 기본 이론과 연구용 원자로인 '트리가 마크-2'에 대한 실습이 이뤄졌다.

대학교에 원자력공학과가 등장한 것도 이 무렵이다. 1958년 한양대에서 처음으로 원자력공학과가 문을 열었다. 한국전력은 관련 학과 출신을 우대하는 제도를 만들었다. 그리고 1968년부터 원자력공학 전공자를 포함한 원자력 1기생 23명을 뽑았다. 1969년부터 이공계 학생을 대상으로 하는 '한전 원자력 장학제도'를 운영하면서 졸업 뒤 한국전력 직원으로 특채하기도 했다. 원자력산업계의 초창기 멤버였던 노윤래 전 한전원자력연료 사장은 당시의 상황을 이렇게 서술했다.

"한전은 원자력 인력 유치에도 힘썼다. 당시 서울대학교는 원자력과 관련해 강의할 교수가 부족했는데, 대학의 요청에 의해 내가 일주일에 두 시간씩 서울대학교 원자력과 4학년에게 원자로 물리를 강의했다. 서울대학교에서 강의를 할 수 있도록 회사가 수락한 것은 재능 있는 인력을 확보하기 위한 목적도 있었다. 4학년 졸업반은 모두 5명으로 이들은 후일 원자력 분야에서 자신들의 역량을 발휘함으로써 나로 하여금 보람을 느끼게 했다. 그들은 홍장희(한수원 상임이사로 퇴직), 최영상(한수원 발전기술원 차세대 원자로 설계 최고 책임자), 이은철(서울대 공대 교수), 김시환(원자력학회 회장, 원자력연구소 부소장 역임) 등이었다."[27]

4학년 졸업반 가운데 1명이었던 홍장희 전 상임이사는 2012년 5월 김종신 한수원 사장의 후임으로 추천되기도 했다. 그리고 이은철 서울대 교수는 2013년 4월 2대 원자력안전위원회 위원장이 됐다. 원자력공학과의 초창기 멤버들은 여전히 원자력산업계의 맨 앞에 서 있다.

연구용 원자로의 등장과 은퇴

1958년 우리나라에 최초의 원자로가 등장한다. '트리가 마크-2'(TRIGA Mark-II)가 바로 그것이다. 미국 제너럴 아토믹스(General

27) 한국수력원자력, 『꿈꾸는 에너지 아름다운 미래: 원자력발전 삼십 년사 1』(한국수력원자력, 2008년) p.77.

Atomics)로부터 73만 1000달러를 주고 사온 연구용 원자로인데, 평화적 원자력 이용 계획에 따른 미국 정부의 지원금 35만 달러를 종자돈으로 보탰다. 훈련(Training), 연구(Research), 동위원소 생산(Isotope production)과 회사 이름(General Atomics)의 앞글자를 따서 지은 이름으로 언론에서는 이를 두고 '제3의 불'로 소개했다. 정부에서 붙인 공식 이름은 '연구로 1호기'다. 서울시 노원구 공릉동 한국원자력연구소(현 한국전력 중앙연수원)에 자리를 잡은 트리가 마크-2는 1962년부터 가동을 시작했다. 10년 후 정부는 추가로 2호기(트리가 마크-3)를 도입했다. 이들 원자로는 계속 연구용으로 사용되다가 1995년 국내 기술로 만든 연구용 원자로 '하나로'가 등장하면서 가동이 중단됐다.

연구로 1호기는 한국 원자력산업의 역사다. 초창기 국내 연구자 대부분이 이 원자로로 기술을 익혔기 때문이다. 그래서였을까. '은퇴'한 연구로 1호기는 2013년 12월 등록문화재 제577호로 등재된다. 원자로가 문화재로 등재된 건 처음 있는 일이었다. 당시 한국원자력연구원의 설명에 의하면 문화재청에서 이를 제안했다고 한다. 2012년 초 근대문화재 후보군 조사를 진행하던 문화재청이 연구로 1호기가 과학기술 연구시설로 보존 가치가 높다고 판단한 것이다. 당시 등록문화재는 대부분 일제강점기 이후의 것들이었는데, 예컨대 금성사의 가전제품(라디오 · 세탁기 · 텔레비전)과 컴퓨터 프로그램인 한글 1.0이 여기에 포함됐다.

문화재로 등재되기 전부터 원전산업계에서는 연구로 1호기의 거취를 두고 의견이 분분했다. "역사적 가치가 있으므로 최대한 그대로 보존해야 한다"는 쪽과 "활용 가치가 없어졌으므로 안전을 위해 해체해야 한다"는 주장이 엇갈렸다. 그러다 1997년부터 2009년에 걸쳐 방사성 물질을 제거하는 제염 작업과 시설물 해체 작업 등을 먼저 했다. 이후 보존 방법을 두고 정부에 전담 부서까지 꾸려 논의한 끝에 2011년 마침내 결론이 났다. 콘크리트 원자로만 남겨둔 채 나머지 시설을 해체하기로 한 것이다. 당시 공릉동 주택가에서 방사능 아스팔트가 발견되면서 시민들의 우려가 컸기 때문이다.

연구로를 둘러싼 논란은 또 있었다. 2004년에는 우리 정부가 연구로 2호기에서 플루토늄을 추출한 사실이 뒤늦게 밝혀져 국제원자력기구(IAEA)의 사찰을 받는 일이 있었다. 조사 결과 1982년 연구진들이 폐연료봉에 남은 플루토늄을 화학약품을 통해 추출했던 것으로 알려졌다.

2009년에는 가동을 멈춘 연구로 1호기 원자로에 담아둔 물 13.5톤이 새어 나와 액체 방사성폐기물 저장시설로 들어간 일도 있었다. 당시 정부는 방사능 누출은 없었다고 발표했지만, 주택가가 밀집한 곳이라 위험천만한 일이었다. 2012년 국회 국정감사에서는 연구로 2호기의 콘크리트 폐기물 가운데 일부가 도로 건설에 재활용된 사실이 드러나기도 했다. 논란이 벌어질 때마다 매번 '관리 부실'이라는 비판을 피하기 힘들었다.

고리 1호기 아닌 행주 1호기였다면

1970년대 고리원전 1호기 건설의 첫 삽이 떠지면서, 원자력산업은 '연구'가 아닌 본격적인 '실전'에 들어가게 됐다. 1971년 고리원전 1호기의 기공식이 열렸고, 1973년에는 월성원전 1호기의 건설과 관련한 논의가 시작됐다. 원전 개발의 가속도가 붙기 시작한 것이다.

우리나라 최초 원전인 고리원전 1호기의 부지 선정과 관련한 과정을 들춰보면 다소 흥미로운 지점이 있다. 지금 생각해보면 엄청난 '사회적 논란'을 불러올 법한 일들이 많았기 때문이다.

고리원전 1호기는 1960년대 중반 건설 부지가 확정됐는데, 당시 기초 조사는 한국원자력연구소와 한국전력, 대한석탄공사가 맡았다.

> "경제기획원이 74년까지 출력 3만kW의 원자력발전소를 건설한다는 방침을 밝혔다. (중략) 그 뒤 기초 작업의 하나로 진행된 장소 선정에서는 경남 동래군의 월내리와 공수리, 서울 근방의 행주 등 세 곳이 후보지로 등장했다."[28]

지금의 행정구역으로 보면 경남 동래군 공수리와 월내리는 현재의 부산 기장군 인근이며, 행주는 행주대교 북단 지역이다. 당시 초기 조사가 끝난 뒤 IAEA 조사단이 한국을 찾아 좀 더 자세한 부지 조사를 벌였다. 인구 분포 상황 및 인구 밀집 지역과의 거리, 토목 설비, 수송 조건, 지형, 지질 등을 살폈다. 그 결과, 행주는 탈락하고 경남 동래군 장안면 길천리와 월내리 두 곳으로 압축됐다. 그런데 1967년 정부가 신규 원전의 발전 용량을 30만kW에서 50만kW로 늘리면서 후보지도 바뀌었다. 결국 부산 근처의 월내, 길천, 고리를 한데 묶어 원전 단지로

28) '본궤도 오른 원자력발전 계획' 〈동아일보〉 1966년 9월 1일자 5면.

개발하게 됐다. 그렇게 시작한 원전 건설은 40년 가까이 동해안 일대에 원전 밀집 단지가 들어서는 결과로 이어졌다. 당시에는 이런 계획이 어떤 사회적 갈등을 가져올지 예상하기 힘들었을 것이다.

만약 최초의 원전 건설지로 서울의 행주대교 북단이 선정됐다면 어땠을까? 현 행정구역상으로는 경기도 고양군 지도면 행주외리로 서울시청 앞 광장과 직선거리로 불과 14km 남짓 떨어진 지역이다. 당시 언론들은 한강 지역이 인천 앞바다의 영향으로 간만의 차이가 크고, 남북 대립의 상황에서 안보의 이유로 서울 인근에 원전을 짓는 것이 부적합하다는 결론을 내렸다고 보도했다.

원전이 대표적인 혐오시설이 된 오늘날 소외 지역에만 들어서는 원전을 바라보며 해당 지역 주민들은 "차라리 서울 한복판에 원전을 지어라." 하고 말한다. 전기는 도시에서 쓰면서 왜 자기들에게 위험을 전가하느냐는 얘기다. 최초의 원전은 그 말처럼 서울 언저리에 들어설 뻔했다. 그랬다면 지금쯤 '고리 1호기'가 아닌 '행주 1호기'의 폐로 여부가 첨예한 논쟁이 되지 않았을까? 수천만의 수도권 시민들이 원전 반대에 앞장서지 않았을까?

한수원 독립과 폐쇄적 사내 문화

전력산업 구조개편안의 결과

분위기는 차분하게 가라앉아 있었다. 마침내 최수병 한국전력 사장이 펜을 들었다.

2001년 4월 2일 오전 11시, 서울 강남구 삼성동 한국전력 본사 대강당에서는 '한전 · 발전 회사 · 전력 거래소 간 인수인계 및 협약 서명식'이 열렸다. 임직원들이 지켜보는 가운데, 최 사장은 40년 동안 독점 전력 회사로 남아 있던 한국전력을 분리하는 내용이 담긴 서류에 서명했다. 송 · 배전시설 등의 운영만 남기고 한국전력이 보유하고 있던 발전소 시설은 발전 자회사 6곳으로, 전력 판매는 한국전력거래소 등으로 옮기는 전력 구조개편의 첫 단추가 끼워진 순간이었다. 이날 한국전력 화력본부 직원들은 자회사들로 흩어졌다. 원자력 · 수력본부도 마찬가지였다.

ⓒ정용일(한겨레21 기자)

서울 강남구 삼성동 한국전력 별관 5층에 있는 전력거래소 상황실 대형 화면에 실시간 전력 수급 현황이 나오고있다.

매머드급 에너지 공기업 한국전력의 해체는 한수원이라는 또 다른 거대 기업의 탄생을 의미하기도 했다. 원자력 분야가 말 그대로 '독자 노선'을 걷기 시작한 것이기 때문이다.

원자력 · 수력을 독점적으로 운영하는 한수원이 등장하게 된 배경에는 정부의 '전력산업 구조개편계획 관련 법안'이 있다. 2000년 12월 국회를 통과한 이 법안에는 한수원을 포함한 6개 발전 회사가 한국전력으로부터 독립하도록 하는 내용을 담고 있다. 그 밖에도 원자력안전법, 전기사업법, 방사성폐기물 관리법, 발전소 주변지역 지원에 관한 법률 등이 한수원과 관련한 규정을 담고 있다.

사실 전력시장의 구조개편은 오랫동안 사회적 진통을 겪었던 이슈다. 1993년 김영삼 정부 시절부터 공론화가 시작된 전력산업 구조개편 문제는 1998년 이후 본격적인 추진이 이뤄졌다. 김대중 정부에 들어오면서 화력과 수력, 원자력에 대한 검토가 본격적으로 이뤄졌으며, 정부는 자체적으로 기본계획을 세웠을 뿐만 아니라 해외 업체로부터 컨설팅을 받기도 했다. 애초의 개편안은 현재와 다소 다르다. 수력발전 부분의 경우, 한국수자원공사에 매각하는 방안을 검토하기도 했고, 화력은 발전 자회사 세 곳으로 나누려 했다.

다른 나라의 사정은 어떨까? 전 세계에서 정부가 원전을 독점 운영하는 곳은 프랑스, 캐나다, 러시아 등이다. 이 가운데 프랑스의 경우를 살펴보자. 모두 56기의 원자로를 가동하고 있는 원전 대국 프랑스는 프랑스원자력공사(EDF)가 원전 운영의 직접적인 책임을 진다. 그러나 수익성이 떨어지자 2004년 구조조정과 부분적으로 민영화 과정을 거쳤다. 정부 소유 지분을 70% 이하로 내릴 수 없다는 조항이 있지만, 주식회사로 전환하면서 수익성의 비중을 높이고 있다.

정부가 안전 규제 등을 담당하되, 운영은 민간이 맡는 나라도 있다. 미국, 독일, 일본 등이 대표적이다. 일본은 도쿄전력, 도호쿠전력, 홋카이도전력 등 지역별로 거점을 둔 사업자가 원전을 운영한다. 독일도 1980년대 일찌감치 에너지 시장 민영화가 이뤄졌으며 다양한 전력 회사가 경쟁 체제로 화력, 원자력, 신재생에너지의 운영에 관여한다. 원전 분야에서는 E.on과 EnBW, REW 그리고 바텐폴(Vattenfall) 등 네 곳의 회사가 진출해 있다.

우리나라 원전도 정부가 지분을 가진 공기업 체제로 운영되고 있었다. 그런데 한국전력에 너무 많은 자원이 집중되어 있다 보니 이를 분리해 효율성을 높이고자 했던 것이다. 그러나 결과는 사뭇 달랐다. 이 과정에서 또 다른 거대 독점 집단이 탄생한 것이다.

애초 민영화 대상이 아니었던 원자력, 수력이 포함되면서 국가 기간 산업에 대한 권한이 한수원에 집중된 것 아니냐는 지적이 있었다. 실제로 분할 당시 17조 원이 넘었던 한국전력 화력본부는 자산 규모를 3조 2000억 원 수준에 맞춰 5개 발전 자회사로 분할했지만 한수원만은 예외였다(분리 당시 자산 규모는 18조 7898억 원). 게다가 다른 화력 사업 인력은 분리 과정에서 뿔뿔이 흩어지게 됐지만 한수원은 한국전력 원자력기획실 인력들을 중심으로 오히려 똘똘 뭉칠 수 있게 됐다.[29]

시장형 공기업 시대와 인력 문제

전력산업 구조개편으로 한국전력 전체 인원 3만 5000여 명 가운데 46%(1만 6000여 명)가 회사를 옮겼다. 한수원으로 옮긴 인력은 원전·수력 발전소의 운영과 건설, 관련 사업의 연구, 기술개발, 방사성폐기물 관리 등을 담당하는 인력이었다. 분리 당시 종업원 수는 수력 330명, 원자력 5770명이었다.

한수원은 분리 뒤 세계 5위권의 초대형 원전 전문회사가 됐다. 한수원 출범 직전까지 국내에는 모두 16기의 원전이 있었으며, 대부분 정부 주도로 1980~1990년대 사이에 집중적으로 건설된 것들이었다. 거의 매해 신규 원전의 건설 계획이 이어졌지만, 정작 한수원이 분사한 이후

29) 송유나 · 진상현 · 이헌석 · 제갈현숙 · 이승우, 「원자력발전 안전한 운영을 위한 교훈, 비판 그리고 과제」(사회공공연구소, 2013년) pp.303~304.

에는 한동안 신규 원전의 건설은 이뤄지지 않았다. 한수원 시대에 처음 추진한 원전으로는 2005년 신고리 1 · 2호기, 그 뒤를 이은 신월성 1 · 2호기, 신고리 3 · 4호기가 있다. 한동안 주춤했던 원전 개발의 흐름은 이명박 정부의 '원전 르네상스' 선언 이후 급물살을 타게 된다.

그렇게 원전 건설 붐이 일었지만, 정작 이명박 정부는 한수원의 인력을 줄였다. 2008년부터 이른바 '공공기관 선진화'를 추진하면서 공기업의 수익성을 강조했기 때문이다. 그 결과, 한수원은 전체 정원을 1000여 명 넘게 줄여야만 했고, 이는 현장 인력의 감축으로 이어질 수 밖에 없었다.

한수원은 또 발전 자회사가 수익을 낸 뒤 재투자하도록 하는 '시장형 공기업'으로 전환됐다. 공기업이었지만, 민간기업처럼 경영 실적을 신경 써야 했다. 이명박 정부는 2011년 원자력과 화력 등 6개 자회사를 시장형 공기업으로 지정했는데, 이는 공공기관의 운영에 관한 법률 제5조에 따라 지정된 공기업 가운데 "자산규모가 2조 원 이상이고, 총 수입액 가운데 자체 수입액이 85% 이상인 공기업"에 모두 적용됐다. 한수원은 자체 수입으로 회사를 운영하고 투자도 하는 방식으로 운영됐다. 이러한 구조적 변화는 발전 자회사들로 하여금 전력을 팔아 번 돈을 밑천 삼아 신규 사업에 경쟁적으로 뛰어드는 과정을 반복하게 만들었다.

이러한 한수원의 시장형 공기업 전환은 인력구조를 악화하면서 원전 안전까지 위협한다는 지적을 끊임없이 받아왔다. 실제로 한수원은 원전 운영비의 약 5%에 해당하는 설비 유지 · 보수 비용을 아끼기 위해 하청 · 하도급을 확대했다. 게다가 수익을 내기 위해 UAE에 원전을 수출하면서 원전 관리 인력 상당수가 해외로 대거 파견됐고, 이로 인해 국내의 원전 운영 인력이 충분하지 않은 상황에 이르렀다.[30]

군대 문화 · 파벌의 잔재

외부자가 한 기업의 내부 문화를 파악하기란 쉽지 않다. 더군다나 한수원처럼 폐쇄적인 전문 기업의 경우에는 더욱 어렵다. 그러나 2012~2013년 이어진 원전 비리 사고 이후, 한수원의 조직문화에 대한 내 · 외부의 지적이 이어지면서, 어느 정도 이를 짐작할 만한 단서들이 나오기 시작했다. 한수원의 조직문화를 이해하는 것은 대규모 원전 비리의 구조적 원인을 진단하기 위한 필수 과정이기도 하다.

한수원은 단일 조직으로 운영된 지 13년이 된 기업이다. 전체 직원의 평균 근속 연수는 15.14년이다.[31] 회사 역사보다 직원들의 근무 기간이 더 길다. 한수원을 이끄는 주요 임원진과 핵심 인력은 여전히 한국전력 시절 입사한 이들이 지배적이라는 뜻이다. 그런 의미에서 과거 한국전력의 모습을 짚어볼 필요가 있다.

한국전력은 오랜 역사만큼이나 복잡하고 독특한 사내 문화를 가지고 있다. 우리나라 최대 규모의 공기업인 탓에 군사독재 정부 시절부터 정부의 입김이 강하게 작용했다. 정치인, 관료, 군인 출신 등 정권의

30) 송유나 · 진상현 · 이헌석 · 제갈현숙 · 이승우, 「원자력발전 안전한 운영을 위한 교훈, 비판 그리고 과제」(사회공공연구소, 2013년) pp 272~273.

31) 금융감독원 전자공시시스템, 「한국수력원자력 분기 보고서」(2014년) 중 임원 및 직원 등에 관한 사항.

측근이 '낙하산 사장'으로 오는 경우가 많았다. 역대 사장 18명 가운데 대부분이 정치인, 관료, 군인 출신이라는 점이 이를 방증한다. 지금까지 한국전력 출신은 2명뿐이었다. 조환익 현 한국전력 사장도 행정고시 출신으로 산업자원부 차관을 지낸 전직 관료다.

이런 배경 탓에 늘 정권의 눈치를 보는 간부들, 지역 중심의 인사, 학연 등이 중심이 된 파벌, 상명하복식의 군사 문화가 고질적인 문제점으로 지적돼왔다. 군사독재 시절이던 1980년대까지 군 출신이 사장으로 임명되면서 상명하복 형태의 기업 문화가 이어졌다. 이후에는 정권이 바뀔 때마다 간부 인력이 대폭 물갈이되는 등 내홍이 반복됐다. 그러니 인사 태풍에서 살아남기 위해서라도 파벌을 만들어 끼리끼리 뭉칠 수밖에 없었던 것이다.

한국전력의 조직문화를 반영하는 대표적인 일화로는 2009년 김쌍수 한국전력 사장이 단행한 '번개 인사'를 들 수 있다. 당시 언론 등에도 소개됐던 이 '파격적인 인사'는 LG그룹 출신인 김 사장이 한국전력 안에 만연한 줄 대기 인사를 원천 봉쇄하기 위해 내놓은 아이디어였다. 2009년 1월 저녁, 김 사장은 인사관리팀에 지시해 한국전력 본사 처·실장, 지역본부장 등 54명에게 다음날 오전 8시까지 본사 강당에 집결하도록 알렸다. 갑자기 연락을 받고 모인 간부들은 외부와 단절된 채 24시간 넘게 5700여 명의 지원서를 검토해야 했다. 그만큼 정상적인 인사가 어려웠다는 이야기다.

이렇듯 뿌리가 깊은 한국전력만의 독특한 사내 문화는 한수원에서도 이어진다. 앞서 언급했듯이 분리 이후 오히려 폐쇄적인 인력구조가 된 탓에 자연스레 '자기들만의 문화'가 만들어진다. 한수원은 2001년

창사 이후 6명의 사장 가운데 4명이 내부 출신 인사였다. 기술고시 출신으로 산업자원부 관료를 지낸 김균섭 전 사장과 지식경제부 차관을 지낸 조석 현 사장 정도가 외부 인사였다. 그만큼 배타적이라는 이야기다. 여기에 대한 한수원 직원들의 자기 평가도 그리 후하지는 않다.

감사원이 한수원 직원 956명과 한전KPS 등 정비 · 관리업체 직원 294명을 대상으로 진행한 '원전비리 원인분석을 위한 설문조사' 결과를 보면, 상명하복식 파벌 문화에 대한 우려가 컸다.[32] 전체 응답자의 45.8%(한수원 직원 43.2%)가 "한수원에는 상사의 부당한 지시라도 따르는 문화가 팽배하다"고 답했다. 또 전체 응답자 중 27.1%(한수원 직원 20.1%)는 "한수원 직원들을 순환 보직 없이 동일 사업소에 장기 근무할 경우 납품업체 등과 유착하게 되는 등의 비리 발생의 개연성이 있다"고 답했다.

인사와 관련해서도 부정적인 평가가 많았다. 한수원 직원의 48%는 "업무를 잘하는 것보다 인맥이나 학벌 등 다른 조건이 승격 등의 인사에 더 중요하게 영향을 미친다"고 답했다. 구체적으로 본부장 및 사업소장이 승격 후보자를 추천할 때 가장 많이 고려하는 부분에 대해 묻자 한수원 직원들은 "학연 · 지연 등 개인적 친분"을 가장 큰 요소로 꼽았으며, '인사 청탁'도 영향이 있다고 답했다. 또 승격을 하거나 선호하는 부서에 가기 위해서는 인사 청탁이 필요하다고 답한 이들이 22%나 됐다.

조직 시스템을 통한 내부 통제에 대한 신뢰도 떨어졌다. 응답자의

32) 감사원 감사결과 보고서 「원전 부품의 안전성 확보 추진실태」(2010년) pp.12~15.

23.5%(한수원 직원 17.9%)는 "한수원 임직원들이 마음만 먹으면 얼마든지 비리를 저지를 수 있는 등 내부 통제에 문제가 있다"고 답했다.

여기에는 3만 명이 채 안 되는 원자력 분야의 특수성도 한몫한다. 원자력 분야의 좁은 인력 시장을 감안할 때, 한수원의 종사자들은 해당 분야에서 벗어난 일을 하기 어렵다. 따라서 '이직'을 생각하는 경우가 적고, 한수원 안에서의 부정적인 평가가 곧 '업계에서의 퇴출'로 이어진다는 사실을 잘 알고 있다. 게다가 한수원 출신 직원 상당수가 하청업체에 진출해 원전 부품을 납품하는 일에 관여하고 있다. 2012년 3월, 고리원전 1호기의 전원 상실 사태가 벌어졌을 때, 100여 명이 넘는 한수원과 하청업체 직원들이 이를 일사불란하게 숨길 수 있었다는 사실 자체가 한수원의 조직문화를 말해준다.

미완에 그친 김균섭발 개혁

> "우리 회사가 지금 신뢰의 위기를 겪고 있다는 것을 잘 알고 있다. 소통 전담 조직을 새로 만들어 원전 지역 주민, 국민과 대화하고 사즉생(死則生)의 각오로 쇄신을 추진하겠다."[33]

김균섭 한수원 사장[34]은 결연했다. 전임 사장이 원전 비리에 연루돼 구속되는 초유의 사태를 겪은 뒤, 흔들리는 한수원의 '선장' 자리에 올

---

33) 장강명, "원전 20기 만든 노하우 모두 담겠다" 〈동아일보〉 2012년 8월 9일자 B4면.
34) 2012년 6월 11일 6대 사장으로 부임한 김균섭은 이듬해인 2013년 6월 7일까지 근무했다.

랐기에 더욱 어깨가 무거울 수밖에 없었다. 당시 언론에서는 원전 비리로 얼룩지고 만신창이가 된 한수원의 새 사장 자리를 '독이 든 성배'에 비유할 정도였으니 말이다.

한수원 사장 가운데 첫 외부 인사 출신인 그는 기술고시(9회)를 거쳐 상공부, 산업자원부에서 근무한 관료 출신 인사였다. 고위 관료직에서 물러난 뒤, 에너지관리공단 이사장과 남아프리카공화국 대사를 거쳐 태양광업체인 신성솔라에너지 대표를 맡은 그는 한수원 후임 사장 임명이 난맥을 겪던 중 정부로부터 최종 낙점된 인물이기도 했다.

원전 비리 사건으로 수세에 몰린 정부의 강한 주문대로 김 사장은 취임 직후 강도 높은 개혁안을 내놓았다. 취임 석 달 뒤, 본사 처장급 인사 가운데 3분의 2를 교체했다. 또 정기 인사에서 400여 명 가까이 발령을 내, 지역의 원자력본부에 있는 인력을 맞바꾸는 식의 순환 인사를 단행했다. 경영혁신 TF팀도 꾸렸다. 과거 연공서열 중심의 인사를 파괴하고 성과중심의 인사체계를 세우며, 승진 심사제에 외부 인사를 참여시키겠다는 야심 찬 개혁안도 내놨다.

그러나 김 사장의 '개혁 드라이브'는 시작도 못 한 채 1년 만에 끝나버렸다. 이듬해 터진 '제어케이블 위조 사건'이 김균섭 사장의 발목을 잡았기 때문이다. 고질적인 원전 비리를 끊으려 했던 사장이 오히려 고질적인 원전 비리로 낙마하는 사태가 빚어진 것이다.

한수원 내부에서는 김균섭 사장의 개혁이 방향의 측면에서는 맞았지만, 결과적으로 조직 내부에 칼을 대는 데에는 실패했다는 평가가 많았다. 당시 김 사장은 한수원의 고질적인 병폐를 여럿 건드렸다. 부품 관리 시스템을 개선하고, 한수원 내부의 반발에도 경영진에 외부 전문가를 대거 영입했다. 게다가 '경영위기 극복을 위한 의식개혁 토론회' 같은 것은 기존의 한수원에서는 보기 어려운 모습이었다.

김 사장의 개혁은 당연히 내부적 반발에 부딪혔다. 여기엔 그의 출신도 한몫했는데, 이른바 '원전 비전문가'로 분류됐기 때문이다. 한국전력의 '원자력 장학생' 출신도 아니고 원자력공학과 출신도 아닌(김균섭 사장은 서울대 항공공학과를 졸업했다) 그가 원전 현장에 대해 잘 모른다는 인식이 팽배했다.

불만은 원전 현장에서도 들려 왔다. 비리는 대부분 본사의 주요 보직에 있는 부장·과장, 그리고 간부급이 저질렀는데, 엉뚱하게 현장 인력을 대폭 물갈이하는 개혁을 단행했으니 업무 스트레스만 높였다는 불만이 터져 나온 것이다. 지역 원자력본부의 한 처·실장급 간부는 "(원전 비리 사건 이후) 그동안 과장 전결로 이뤄지던 업무를 대폭 개선해 본부장 등으로 결재의 책임을 높여 비리 가능성을 낮추는 등의 개선이 이뤄졌다. 이러한 조치는 의미가 있었다. 그러나 현장 인력의 순환 보직을 시행한 것은 원전 현장의 특수성을 전혀 모른 조치라는 지적이 많았다"고 말했다.

김균섭발 한수원 개혁의 실패는 조직의 체질 개선이 만만치 않다는 점을 보여줬다. 결국 원전 비리 사건의 '희생양'이 된 그는 사퇴 의사를 밝혔음에도 정부로부터 징계 처분을 받아 면직 처리가 됐다. 이른바 '불명예 퇴진'이다. 부임한 지 1년도 안 된 사장은 한수원의 변화가 얼마나 요원한지만을 보여준 채 그렇게 물러났다.

원전 마피아의 민낯

한국 원전 마피아의 기원

"아, 그러니까 한전 안에 원전 마피아가 있다는 말이 나오는 거 아닙니까?"

정말 그랬을까? 우리나라에서 '원전 마피아'라는 단어가 처음 등장한 순간이 어쩌면 이때였을까?

1999년 10월 12일, 새정치국민회의 소속 김병태 의원은 국회 산업자원위원회 국정감사장에 나온 최수병 한국전력 사장을 향해 호통을 쳤다. 경북 월성원전 3호기에서 작업 중에 중수(重水)가 누출돼 원전 노동자 22명이 피폭되는 최악의 사고가 벌어진 지 일주일 남짓 지난 시점이었다. 앞서 9월 30일에는 일본 도카이무라 핵연료주식회사(JCO)의 이바라키현 핵연료 가공 공장에서 고농축 우라늄이 핵분열을 일으켜 임계상태에 이르면서 노동자들이 피폭을 당하는 사고가 발생해 세상이 떠들썩했다.

더 큰 문제는 한국전력의 사고 대응이었다. 사고 발생 20시간을 넘긴 뒤에야 사고 사실을 공개한 한국전력은 '원전사고 정보공개 지침'을 정면으로 어긴 게 아니냐는 비판을 받았다. 국정감사장에서 터져 나온 문제는 이뿐만이 아니었다. 같은 해 3월에는 영광원전 2호기의 증기발생기 안에서 '금속성 이물질'이 발견돼 '원자로 긴급 정지' 상황에 빠졌다. 실태 조사 결과, 영광뿐만 아니라 고리, 울진, 월성원전에서도 이와 비슷한 상황이 벌어졌고 한국전력이 이를 묵인한 것으로 나타나 국민들을 충격에 빠뜨렸다.

한국 사회에서 '마피아'라는 단어는 이미 일반명사가 된 지 오래다. 2014년 4월 16일 벌어진 세월호 침몰 참사 이후 '마피아'라는 말은 '관피아'(공무원+마피아)와 '철피아'(철도+마피아), '모피아'[재정경제부(MOFE) 관료+마피아] 그리고 '해피아'(해양수산부 관료+마피아) 등으로 진화 · 응용되고 있다. 출항하지 말았어야 할 배인 세월호가 감독기관과 선사의 유착으로 아무 문제 없이 바다를 오간 것을 두고 사람들은 분노했다. 철도 공기업 역시 온갖 비리와 유착으로 얼룩져 시민들의 '안전'은 온데간데 없어졌다는 사실에 우리 사회는 또 한 번 경악했다.

사실 '마피아'(mafia)의 어원은 본래 '은신처를 제공하는 동굴'이라는 이탈리아어의 시칠리아 방언 'mafie'에서 온 것으로 알려져 있다. 시칠리아 섬을 근거지로 둔 범죄 조직을 일컫던 이 말은 한국 사회에서는 불법과 비리를 저지르면서, 이러한 일을 위해 서로 끌어주고 밀어주는 유착 관계에 있는 집단을 일컫는다. 이들의 핵심은 이른바 카르텔(짬짜미)이다. 즉 '-피아'란 업계 안에서 학연과 예산 등으로 얽혀 각자의 이익을 좇는 패거리인 것이다.

우리나라에서 마피아라는 오명을 가장 먼저 뒤집어쓴 쪽은 단연 원자력산업계다. 원전 운영사업자인 한수원과 원전 설계 · 부품 검증기관인 한전KPS를 둘러싼 관료 · 학계 · 기업의 공생 관계는 전통이 깊어 오랫동안 원자력 마피아, 원전 마피아, 또는 핵 마피아라고 불려왔다. 일부 학자나 시민단체 활동가들은 여기에 더해 "원자력은 안전하고 경제적인 에너지다"라는 논리를 끊임없이 전파하는 언론도 원전 마피아의 일원으로 꼽는다.

우리나라뿐만 아니라 세계적으로도 이런 '원전 마피아'들이 활개를 치고 있다. 그렇다면 언제부터 이런 그룹들이 등장하기 시작했을까? 정확한 출처는 없지만, 핵무기를 다뤘던 군사 분야의 전문가 그룹에서 가장 먼저 생겨났다는 설명이 설득력 있다.

제2차 세계대전이 한창이던 1940년대 미국에서는 핵무기 개발을 추진하기 위해 핵물리학 관련 전문가들은 폭넓은 인적네트워크를 구성하고 있었다. 이들의 영향력은 단순히 연구에만 머물지 않고 국방 · 정치 분야까지도 미치곤 했다. 이 당시 나온 개념이 오늘날 정치외교학에서도 등장하는 '군산복합체'(military-industrial complex)다. 1961년 아이젠하워 대통령이 고별 연설을 하면서 처음 사용한 이 단어는 제2차 세계대전 이후 군부 세력이 거대화하면서, 이들과 결탁한 군수산업 세력이 미국 안에서 지배 세력으로 등장했다는 점을 꼬집고 있다. 당시에는 군산복합체라는 말로 표현되던 이른바 원자력계 그룹들이 핵무기 생산과 원자력발전으로 분화하면서 그 뒤에 원전 마피아(nuclear mafia)라는 개념으로까지 진화했다는 설명이다.

이웃나라 일본에서도 일찌감치 원전 가동을 하면서 이 용어가 사회적으로 통용됐다. 같은 뜻으로 '겐시료쿠무라'(原子力村, 원자력촌)라는 말도 쓰인다. 뭔가 가족 같은 느낌의 순화된 표현이다. 이는 원전을 추진하는 진영에서 자신들이 범죄집단처럼 일컬어지는 것 자체를 차단하기 위해 고안해낸 표현이었다. 그러나 차츰 이 용어는 원자력업계의 폐쇄적인 규모와 형태를 마치 '작은 마을'에 비유하는 풍자로 해석되기도 했다.

우리나라에 공식적으로 '원전 마피아'라는 말이 쓰인 건 언제일까? 1980년대 국내 언론에 보도된 내용을 뒤져보면, 외신을 인용해 '원자 마피아'(atomic mafia)라는 용어를 사용하는 경우가 있었다.[35] 그러나 이때만 해도 국내의 원자력산업계를 일컫는 말이 아니었다. 원전 마피아라는 용어가 본격적으로 국내용으로 쓰이게 된 건, 2011년 일본 후쿠시마 원전 사고 이후라고 볼 수 있다. 앞서 이명박 정부의 '원전 르네상스' 정책이 이뤄지면서 정부의 원전 추진파와 원자력안전위원회 안의 인사들을 설명하면서도 원전 마피아라는 표현이 등장했다.[36]

그러나 이런 식의 표현이 선정적이라며 비판하는 목소리도 만만치 않다. 극소수에 해당하는 이들을 빌미로 전체를 '절대악'으로 매도하는 것처럼 느껴지기 때문이다. 원자력을 학문적으로 접근하는 그룹에서는 이러한 이분법적 구분에 대해 크게 반발한다. 그러나 환경단체 등이 중심이 된 탈핵 진영에서는 원자력산업을 둘러싼 복잡한 이해관계

35) '철의 비…내리기 시작했다' 〈동아일보〉 1983년 2월 4일자 4면.

36) 이헌석,「우리나라 핵산업계 구성과 정책결정 구조」(에너지정의행동, 2013년)

를 설명할 때 원전 마피아라는 개념을 강조한다.

퇴직일이 곧 재취업일

그렇다면 자칫 인신공격으로 비칠 수도 있는 마피아라는 표현이 한국 사회에서 설득력을 얻게 된 이유는 무엇일까? 다른 무엇보다도 이는 원자력업계에 종사하는 사람들이 원인을 제공한 측면이 크다.

30여 년 전으로 거슬러 가보자. 1978년 상업운전을 시작한 고리원전 1호기의 기술은 미국의 원전업체 웨스팅하우스(Westinghouse)에 대부분 의존하고 있다. 핵심 기술인 원자로뿐만 아니라 원전에 설치되는 모든 부품은 미국에서 전량 수입했다. 운영체제도 미국 모델을 그대로 따왔다. 그런데 미국에서 그만 원전 사고가 발생한 것이다. 1979년 미국 스리마일 섬 원전 사고가 바로 그것이다. 그 여파로 미국에서는 신규 원전 건설이 중단된다. 납품처를 잃은 미국의 원전 부품 생산업체는 줄줄이 문을 닫았다.

그러나 누군가의 위기가 누군가에게는 기회였다. 한국은 어쩔 수 없이 원전 부품의 국산화를 추진해야 했고, 이는 자연스럽게 국내 원전 산업의 호황으로 이어졌다. 새로운 시장이 열린 것이다. 시장이 생기면 돈과 사람이 모인다. 진입장벽이 높고 폐쇄적인 인력구조를 가진 국내 원자력산업계는 호황을 누리게 되고 한수원과 하청업체를 중심으로 인적교류가 활발해진다. 한수원에서 퇴직한 인사들은 곧바로 관련 업체로 재취업한다. 유일한 원청인 한수원 출신이야말로 더할 나위 없이 든든한 지원군이기 때문이다. 이들을 고용한 업체들은 입찰에서 다른 경쟁 업체보다 유리할 수밖에 없다.

이는 통계로도 드러난다. 한수원이 2013년 국회에 제출한 '한수원 퇴직자 재취업 현황'을 보면, 2003년부터 2012년 사이 한수원 고위간부 출신 퇴직자 81명이 민간업체, 공기업, 연구기관 등에서 일하거나 관련 사업체를 설립한 것으로 나타났다.[37] 한수원에서는 1급 간부들이 매년 평균 20~30명 퇴직하는 것을 고려하면 약 30% 수준인 셈이다.

이들 퇴직자 가운데 73명은 원전 발전소본부장, 본사 실장 · 처장 출신으로 1급 이상의 고위간부였다. 이들의 재취업은 주로 민간기업의 고문 역할이었다. 지검장, 법원장 등 고위직을 마친 법조인이 대형 로펌의 고문으로 자리를 옮겨 사건 수임에 영향력을 끼치는 '전관예우'와 닮았다. 퇴직자를 채용한 적 있는 한 업체 관계자는 "주로 1년 계약의 비상근 형태로 재직해 내부 직원들도 잘 모른다"고 전했다. 이들은 고위간부 출신을 채용해 일감 수주 · 로비 역으로 활용한다. 이런 일이 잦아진 건, 2000년대 이후의 일이다. 한수원 체제가 자리 잡은 뒤, 신규 원전 건설을 확대하는 정책이 이어졌고, 이와 함께 몸집 불리기를 해온 대기업, 하청업체에서 퇴직자들을 경쟁적으로 끌어갔기 때문이다.

실제로 통계를 보면 퇴직 간부 81명 가운데 70명은 퇴직한 날 곧바로 납품업체로 향했다. 공백기가 없는 이직이다. 판 · 검사가 직전의 근무지 앞에 변호사 사무실을 개업하는 것과 같은 '전관예우' 효과를 누릴 수밖에 없다. 김균섭 한수원 사장은 취임 직후 이런 문제를 막고자

---

37) 이승준, '한수원 간부 30%, 원전 협력업체 전방위 재취업' 〈한겨레〉 2013년 6월 6일자 1면.

자체 규정을 만들라고 지시를 내렸다. 그 결과 현재 한수원 임직원 윤리행동강령에는 "임원과 1(갑·을)직급 직원은 퇴직일로부터 3년 동안 협력업체 취업을 제한한다"는 조항이 생겼다. 퇴직자에게 서약서를 받는 형식이지만 강제성은 없었다.

독점 원청을 둘러싼 생태계

2013년 여름 어느 날 "한수원과 관련한 일인데 만나서 이야기하고 싶다"는 전화가 왔다. 서울 강남구 삼성동의 한 커피전문점에서 이 남성을 만났다. 그가 내민 명함을 봐도 직업을 정확히 가늠키 어려웠다. 그러나 이야기를 나누면서 곧 알게 됐다. 그는 발전소에 계측제어 장비를 납품하는 한 회사의 직원이었다. 계측제어 장비는 발전소 설비를 점검하는 장비를 말한다. 잘 모르는 이들이 보기에는 별로 중요하지 않은 장비 같지만, 그의 설명에 따르면 연간 2000억 원 규모에 달하는 큰 시장이다. 발전소 한 곳에만 납품을 해도 200억~300억 원의 매출을 올릴 수 있다고 한다. 마진율이 비교적 높아 중소기업들에게는 매력적인 장사라는 설명도 뒤따랐다.

그가 만나자고 한 건 한수원 입찰 과정에서 석연치 않은 경험을 했기 때문이었다. 계측제어 장비 납품사업이 원래 규모가 큰 기업 2~3곳이 점유해오던 터라, 새로 사업을 따내려는 측에서는 한수원의 처분에 촉각을 곤두세울 수밖에 없었다.

"절차대로 잘 갔는데 제품 심사를 질질 끌더라고요. 그러다 한 달 지나서 불합격 통보를 하는 거에요. 6개월 뒤에 다시 가져오라고."

그 과정에서 한수원 쪽으로부터 온갖 서류와 밤샘 조사 등 부당한 요구를 당했다는 게 그가 하고자 했던 말의 핵심이었다. 설명을 들어보면 이 회사의 제품에 결함이 있었기에 한수원 담당자의 지적이 아예 틀린 것도 아니었다. 하지만 이 업체의 주장에 따르면 문제를 수정해도 한수원의 태도는 달라지지 않더라는 것이었다. 그는 "뭔가 있는 것 같다"며 간곡히 말했다. 입찰을 위해 수억 원의 돈을 쓰고, 몇 달을 보낸 회사 입장에서는 억울할 법도 했다.

그러나 한수원의 주장과 그 남성의 주장 사이에 엇갈리는 대목이 많아 결국 기사화하지 않았다. 며칠 뒤 다시 그 남성으로부터 전화가 걸려왔다. 이번에는 그의 이야기를 흘려들을 수 없었다.

"다른 업체들은 한수원에서 진급이 밀리거나 징계받은 퇴직자들을 고용하고 있어요. 뭐하러 그러겠어요. 다 로비하려는 거지. 저희는 아직 한수원에 연결될 만한 사람은 없고요…. 결국 이런 식으로 새로운 업체의 진입을 막으려는 거 아니겠어요."

그와의 통화는 우리나라 원전 생태계의 본질을 한마디로 설명하고 있다. 높은 진입장벽 속에서 한수원과 납품·용역 업체 사이의 공고한 끈이 존재하고, 한수원 퇴직자들이 연결고리 역할을 하는 구조 말이다.

한수원→하청업체→한수원의 회전문 인사

한수원 간부들의 '퇴직 이후'를 구체적으로 살펴보면 문제는 더욱 심각하다. 김제남 정의당 의원실이 입수한 2000년부터 현재까지의 한수원, 한국전력, 한국전력기술, 한국원자력문화재단 간부급 퇴직자 272

명의 재취업 현황 자료를 보면, 한수원→하청업체→한수원으로 이어지는 '회전문 인사'의 패턴을 확인할 수 있다.

대기업 가운데 한수원 퇴직자들을 채용했던 곳은 현대건설, GS건설, 삼성물산 등이다. 신고리원전 3·4호기, 신월성원전 1·2호기 등 신규 원전의 건설을 맡은 업체들이다. 두산중공업은 원자로와 증기 발생기 설계·제작을 맡고 있다. 포스코 계열사인 포스코ICT가 소유하고 있는 포뉴텍은 한빛(영광)원전본부장 출신 부사장이 공동대표를 맡고 있다.

한수원 퇴직자들은 이명박 정부 당시, 한전컨소시엄의 UAE 원전 사업을 수주하면서 몸값이 더 치솟았다. 실제로 2008~2010년 한수원 직원들은 UAE 원전사업 물량을 확보하려는 삼성물산, 두산중공업, 현대건설 등 대형 건설사로 자리를 많이 옮겼다. 2010년부터 2012년 9월 사이 한수원 퇴직자를 영입한 13개 회사가 따낸 사업은 모두 445건, 1조 6785억 원 규모에 달한다.

'회전문 인사' 가운데 가장 눈에 띄는 사람은 바로 전용갑 발전본부장 겸 부사장이다. 전 부사장은 제어케이블 납품 비리 사건에 책임을 지고 사표를 낸 김균섭 한수원 사장의 직무대행을 했다. 원래 한수원 출신인 그는 두산중공업을 거친 지 얼마 되지 않은 상황이었다.

재취업 현황 자료를 통해 본 그의 행보는 흥미롭다. 그는 2010년 9월 30일 1(갑)직급인 발전처장을 마지막으로 회사를 떠났다. 그러나 퇴직과 동시에 두산중공업 고문으로 취업했다. 당시 두산중공업은 한수원과 UAE 원전 공급 계약을 맺은 상태로, 이듬해 국내에서 처음으로 '한국형 신형경수로'(APR1400)를 적용한 신고리원전 3·4호기용 주기기를 출하했다. 그러던 중 2012년 한수원의 상임이사 사내 · 외 공모를 통해 '사내 추천' 방식으로 발전본부장으로 선발됐다. 전 부사장과 함께 건설본부장으로는 김동수 한국전력기술 원자로설계개발단 상무가 뽑혔고 안전기술본부장으로는 조병옥 한수원 중앙연구원장이 뽑혔다. 이에 대해 기자가 묻자 한수원 쪽에서는 "전 부사장이 퇴사할 당시에는 협력업체 취업 제한이 없었다"고 말했다. 납품 비리로 사장이 물러난 마당에 그 자리를 협력업체 출신 간부가 대행했다는 사실은 한수원의 구조적 한계를 여실히 보여준다.

한수원 퇴직자들의 '전방위 취업'은 김균섭 한수원 사장이 재취업 금지 지침을 시행한 뒤에도 있었다. 퇴직 간부 가운데 14%에 해당하는 11명이 한전KPS와 한전KDN, 한국전력기술(한전E&C) 등에 재취업했는데 이에 대해 한수원은 "독점규제 및 공정거래에 관한 법률 제14조(상호출자 제한 기업집단 등의 지정)에 따라 한전 기업집단에 속한 계열회사 및 출자회사는 (취업 제한 대상에서) 제외한다"고 설명하고 있다. 즉 한전, 한국남동발전, 한국중부발전, 한국서부발전, 한국남부발전, 한국동서발전 등 발전 자회사와 한국전력기술, 한전KPS, 한전원자력연료, 한전KDN 등은 해당 사항이 없다는 것이다.

그러나 새한TEP의 제어케이블 시험 보고서 위조 사건에서 알 수 있듯이, 한수원 퇴직자의 자회사 재취업이 늘어날수록 원전의 검증 · 정비 등이 부실해질 가능성이 크다. 로비가 일어나지 않는다는 보장이 없다. 이러한 우려 때문인지 2013년 6월 7일 정홍원 국무총리는 '원전비리 재발방지 대책'을 발표했다. 이날 발표문에는 현재 가동 중이거나 건설 중인 모든 원전의 부품 시험성적서 12만 5000건을 전수조사하겠다는 내용과 함께 그동안 한수원 처장급(1직급)에만 적용하던 3년 동안 협력업체 재취업을 금지하도록 한 조항을 부장급(2직급)으로 확대하기로 했다. 또 예외 조항으로 남아 있던 한국전력기술 · 한국원자력연료 등 한전 자회사에도 '재취업 금지'를 적용하겠다고 밝혔다. 재취업 금지 조항을 어긴 협력업체에는 계약 · 등록 취소 등의 불이익을 주는 방안도 검토하겠다고 했다. '회전문'을 닫겠다는 강한 대책이었다. 그러자 관련 부처에서도 떠들썩하게 구체적인 시행 방안들을 내놓았다. 한수원과 한국전력기술, 한전KPS, 그리고 한전원자력연료의 퇴직자를 한데 묶어 관리하기로 했으며, 산업통상자원부가 퇴직자 재취업 현황 데이터베이스를 만들어 납품비리 등이 발생하면 계약참여 제한 등의 불이익을 주겠다고 했다.

나아진 건 없었다

그러나 결론적으로 말하면, 정부의 극약 처방도 소용이 없었다. 1년 뒤 김제남 정의당 의원이 2014년 9월 산업통상자원부와 산하 에너지 · 원전 공기업 21개 기관으로부터 제출받은 자료를 분석한 결과, 16개(76%)의 산하기관이 퇴직자 재취업 데이터베이스(DB)를 구축 · 관리해오지 않고 있던 것으로 드러났기 때문이다.[38]

물론 이것은 한수원의 문제만은 아니다. 퇴직자 재취업 규정조차

38) 김제남 정의당 의원실 보도자료 「에너지공기업 76%, 퇴직자 '낙하산재취업' 방치」(2014년 9월 9일)

마련하지 않은 공기업도 많았다. 산업통상자원부 산하 기관 중 15곳(71%)이 퇴직관리 내부 규정조차 없었다. 한편에서는 이를 비판하는 목소리도 있다. "전문성과 경험이 많은 인력들에게 일괄적인 취업제한을 적용하는 것은 국가적인 손해"라는 주장이다. 그러나 퇴직자의 재취업이 과연 전문성을 살리기 위해서인지 살펴볼 일이다. 그보다는 "전문성과 경험을 내세운 취업의 관행이 원전 비리의 핵심적인 문제였으며, 결국 잦은 원전 고장·정지 등 더 큰 국가적 손해로 이어지고 있다"는 설명이 더욱 설득력 있지 않은가? 어쩌면 원자력산업계가 '원전 마피아'라는 원치 않는 비난을 받는 가장 큰 이유는 부패한 특정 개인의 탓이라기보다 반성할 줄 모르는 업계 전반의 분위기 때문일지도 모른다.

원자력공학과 학벌주의

최초의 원자력공학과

국내 최초의 원자력공학과가 세워진 곳은 한양대다. 한국원자력연구원이 세워지던 1958년 한양대에 야간대학으로 원자력공학과(현 원자력시스템공학과)가 생겼다. 정원 160명 규모의 큰 학과였다. 그러나 한양대보다 먼저 원자력공학과를 추진했던 학교도 있었다. 인하대였다. 당시 원자력산업에 관심을 보였던 이승만 대통령으로부터 후원을 기대했던 인하대는 1957년 원자력공학과를 세웠지만, 교수 확보 등에 실패해 무기공학과로 이름을 바꾼 뒤 훗날 다른 과에 흡수 통합됐다.[39]

원자력산업이 본격화한 건, 이듬해 서울대에 원자력공학과(1975년

39) 이승구 외 11인, 「원자력 선진국으로 발돋움한 대한민국 원자력 성공 사례」(한국연구재단 한국기술경영연구원, 2011년)

원자핵공학과로 변경)가 들어서면서부터다. 한국전력은 이들 학과 출신을 우대했다. 1968년부터 원자력공학 전공자를 포함한 원자력 1기생 23명을 뽑았으며, 1969년부터 이공계 학생을 대상으로 '한전 원자력 장학제도'를 운영해 졸업생들을 특별채용하기도 했다.

2012년 기준으로 국내의 원자력 관련 학과는 약 13곳으로 알려져 있다. 서울대, 한양대, 경희대, 조선대, 제주대, 동국대, 경북대, 부산대, 영남대 등의 종합대학부터 한국과학기술원(KAIST), 울산과학기술대학교(UNIST · 친환경에너지공학부)와 포항공대(POSTEC) 첨단원자력공학부, 한국전력 국제원자력대학원대학교(KINGS) 등이 있다. 이들 학교에서는 박사 25명, 석사 64명, 학사 192명 등 2012년 한 해에만 281명의 인력을 배출한 바 있다.[40]

이들은 그동안 국내 원자력산업을 주도해왔다. 그러나 원전 비리 사건이 터진 뒤, '원전 마피아'로 손가락질 받고 있다. 비리가 단순히 한수원의 문제라기보다, 학계와 산업계의 '공생관계'를 통해 생겨났다고 보는 시각 때문이다. 원자력계 안에서는 특정 대학 출신 인사들이 원전 정책을 좌지우지한다는 비판도 나온다. 실제로 한양대 출신은 한수원에, 서울대 출신은 학계, 원자력 연구기관, 감시기관에 많은 수가 진출해 주요 보직을 맡고 있다.

그중에서도 가장 많은 인력을 배출하고 있는 곳은 서울대 원자핵공학과다. 2008년 이후 매해 30여 명 안팎의 학사, 50~60명의 석사, 10

40) 한국원자력산업회의,「제18회 원자력산업 실태조사보고서」(미래창조과학부, 2014년) p.118.

여 명의 박사급 인력을 배출하고 있다. 매해 배출되는 박사 중 서울대 출신이 40%나 된다. 참고로 국내 원자력 분야 인력은 2만 1000명이고, 이 가운데 연구 분야가 1500여 명 수준이다(2010년 기준).[41] 시장 자체가 좁고 경쟁이 치열하다 보니 학벌이 강력한 힘을 발휘한다. 서울대 원자핵공학과 출신 교수들이 원자력업계에서 이른바 '성골'로 불리는 이유다.

서울대 원자핵공학과와 '그들만의 리그'

특정 학교가 원자력산업계에서 '그들만의 리그'를 구축하고 있다는 비판은 근거가 없지 않다. 실제로 원자력과 관련한 각종 기관에 서울대 원자핵공학과 출신들이 대거 포진해 있다.

대표적인 예가 원전 감시기관인 원자력안전위원회이다. 2011년 초대 위원장을 지낸 강창순과 현 위원장 이은철은 모두 서울대 원자핵공학과 선후배 사이이다. 탈핵을 주장하는 환경단체와 정치인들은 강창순 교수를 '핵 마피아의 대부'라고 지칭하기까지 한다. 그의 이력에는 원자력산업계와 관련한 직함이 많다. 그만큼 원전 추진과 관련한 일을 많이 해왔기 때문이다.

강 교수는 1961년 서울대 원자력공학과에 입학했다. 학과가 문을 연 지 3년째 되던 해다. 미국에서 원자핵공학으로 박사 학위를 딴 그는

41) 장창원 외 7인,「2010년 국가 중장기 인력수급 전망-원자력 분야 인력수급 전망 및 인프라 개선」(교육과학기술부, 2010년) pp.143-144.

한국에 돌아와 대우그룹 엔지니어링 부문 상무가 됐다. 당시 신문에서는 그를 '원자력 전공 재미 공학박사'로 소개했다. 1980년 서울대 원자핵공학과 교수가 된 그는 한국원자력학회장, 한국원자력안전기술원 이사 등을 맡았다. 두산중공업 사외이사, 한수원 자문위원을 거쳐, 원전 관련 업체 80여 개가 모인 한국원자력산업회의 부회장 자리에도 있었다. 이른바 '민 · 관 · 학'의 정점을 두루 거친 셈이다.

원자력안전법에는 "최근 3년 동안 원자력 이용자 단체가 수행하는 사업에 관여한 사람은 위원이 될 수 없다"는 규정이 있다. 그러나 강 교수는 2002~2007년 한수원으로부터 네 건의 연구 과제를 맡아 4억 5400만 원의 연구비를 받았다. 또 과학기술부와 한국원자력연구소 등으로부터 1999년부터 2011년까지 모두 20건의 연구용역을 맡아 14억 6000여만 원의 연구비를 받은 것으로 나타났다.[42]

학계 인사들의 모임인 한국원자력학회도 서울대 출신들이 장악하고 있다. 2000년 이후 학회장을 지낸 10명 가운데 8명이 서울대 출신이었다(강창순, 신재인, 이은철, 김시환, 조남진, 박군철, 장순흥, 정연호). 그 중 장순흥 KAIST 교수는 한동대 총장으로 근무하면서 이명박 정부에서 UAE 원전 수출의 주요 업무를 담당했으며 박근혜 정부의 인수위원회에 참여해 현 정부의 원자력 정책을 짠 것으로 알려져 있다. 그만큼 정책에 미치는 영향력도 크다는 얘기다.

공무원 조직도 예외는 아니다. 서울대 원자핵공학과 출신들은 5급

42) 원자력안전위원회 · 한수원이 유기홍 민주통합당 의원실에 제출한 자료(김남일, '한국 핵 마피아 명단을 파헤치다' 〈한겨레21〉 2012년 12월 17일 제940호)

사무관급 특채 제도를 통해 대거 공무원조직으로 들어갔다. 이들은 현재 산업통상자원부, 미래창조과학부 등 주요 정책을 결정하는 부서에서 활동하고 있다. 문제는 이들이 학맥을 이용해 인사는 물론 원전 정책에 영향을 미친다는 것이다. 이를 지켜본 한 교수는 "특정 학교끼리 한통속이 돼서 원전 확대 정책을 뒷받침하고 이해관계에 따라 정부 정책을 정한다. 당연히 소수 의견은 무시되고, 원전 안전이나 사고 예방 등 중요한 사안은 소홀할 수밖에 없다"고 비판한다.

학계와 각종 위원회에 두루 포진한 특정 학교 출신들은 산업체와도 연결되면서 자연스레 공생관계가 만들어진다. 대표적인 예가 '한국원자력산업회의'다. 두산중공업, 현대건설을 비롯해 80여 개의 대기업과 학계 인사로 구성된 이 단체는 민·관·학계 사람들이 모여 함께 활동한다. 원자력안전위원회 회장을 역임했던 강창순과 이은철은 이 모임에서도 각각 부회장, 회장으로 활동한다. 그만큼 학계와 밀접한 관계를 유지하고 있는 것이다.

'실무 마피아' 수도공고?

서울대 원자핵공학과를 중심으로 만들어진 민·관·학계의 카르텔이 이른바 '정책 마피아'라면, 실무 기술자들의 학연도 존재한다. 이들은 원전 정책과 원전업계를 다루는 영역으로부터 한발 떨어져 있지만, 하청업체 등과 밀접한 관계에 있기에 '실무 마피아'라고 부를 만하다.

2014년 초 언론을 통해 공개된 한수원 감사실의 '2011년 이후 기소된 임직원의 학력 현황' 보고서를 보면, 2011년부터 2013년 9월까지 기소된 53명 가운데 26.4%(14명)가 수도전기공고 출신인 것으로 나타났다. 이들은 모두 납품업체의 편의를 봐주고 대가로 금품을 수수한 혐의를 받았으며, 이 가운데 일부는 억대 규모의 뇌물을 받아 챙긴 것으로 나타났다.[43] 허위 세금계산서 처리와 전원상실 사고 은폐, 품질 서류 위조, 부하 직원의 상납금 수수 등 혐의도 다양했다.

수도전기공고는 일제강점기인 1924년 전기 기술자를 양성하기 위해 세운 경성전기학교가 전신이다. 1977년 한국전력의 사원을 양성하기 위한 특수목적 고등학교로 지정된 수도전기공고는 현재도 한국전력 소유이다. 이 학교의 졸업생들은 한국전력과, 관련 하청업체에 특별 채용된다.

2010년 마이스터고로 지정된 수도전기공고는 전기에너지과, 에너지전자제어과, 에너지기계과, 에너지정보통신과 등 4개 학과에 총 660여 명의 학생이 재학 중이며 매해 200여 명의 졸업생을 배출하고 있다.

성급한 일반화의 오류일까

물론 당사자들은 이런 비판에 강하게 반발한다. 극소수의 비리를 마치 전체의 문제인 양 본다는 것이다. 원자력산업의 초창기에 인력 수급을 위해 육성됐던 만큼 종사하는 사람이 많고, 당연히 비리에 연루될 확률도 높다는 것이다. 전문성을 가진 사람들이 관련 분야로 진출하는

43) 곽인숙, '원전비리 핵심은 특정高 출신 실무 마피아' 〈노컷뉴스〉 2014년 1월 2일자.

게 무슨 문제냐며 따지기도 한다.

예컨대 원자력학계를 향한 비판을 두고 주한규 서울대 원자핵공학과 교수는 다음과 같이 말한다.

"비리행위와 원칙에 어긋나는 행위는 철저히 근절해야 한다. 그리고 더 나아가 원자력산업 전 종사자에 대한 안전의식 강화와 안전문화 확산을 위한 대책을 마련하고 실행해야 한다. 이 과정에서는 원전 마피아라는 오명으로 원자력 전문가들의 사기와 의욕을 저하시킬 것이 아니라 오히려 그들의 긍지를 북돋아주고 역할을 강화하여 성실하고 자발적인 직무수행을 유도해야 한다."[44]

주 교수는 "부품 시험성적서 위조 사건 등은 원전산업계에서는 일어나서는 안 될 일이지만, 이해당사자 사이의 일반적인 유착의 관행으로 봐야 한다"고 말했다. 또 서울대 원자핵공학과 출신의 원자력 전문가가 다른 공학 분야에 비해 상대적으로 더 두드러진 활약을 보여온 이유에 대해 "1990년까지만 해도 학부에 원자력과가 있었던 대학이 서울대, 한양대를 포함하여 4개 학교에 불과했다는 점"을 들었다.

그러나 원전 마피아에 대해 강도 높은 비판을 해온 장정욱 일본 마쓰야마대학 경제학부 교수의 의견은 다르다.

"원전 카르텔의 구조가 원전 중심 정책과 퇴직 뒤 관련 업계의 재취업

44) '원전 마피아라는 오명을 씌우지 말라' 〈한겨레〉 2013년 6월 13일자.

을 노리는 공무원(관료), 연구비와 이해관계가 얽힌 원자력 전공자(학계), 원전 건설 확대에 매달리는 건설업체(자본) 등으로 구성됐다."[45]

산업계 전체가 카르텔을 강화하는 구조로 팽창해왔다는 점을 지적하는 시각도 있다. 에너지 기후정책 연구소는 원전 마피아 문제에 대해 "1990년대 한국형 원전 개발을 매개로 한 정부의 원전 중심의 전원정책(관료), 핵 관련 기술 인력 양성(지식), 신규 원전 건설에 따른 시장확장(자본)이라는 관료 · 지식 · 자본의 카르텔을 강화하는 순환 구조를 갖추게 됐다. 이러한 '핵 카르텔'의 강화 과정에서 에너지 정책은 군사정부는 물론이고 민간 정부에서도 폐쇄적인 소수의 전문가에 의해 결정됐다"고 설명했다.[46]

견제 기구의 독립성 지켜야

특히 원전 마피아들이 원자력안전위원회와 원자력안전기술원(KINS) 등 견제 · 감시 역할을 해야 할 기구까지 장악한 데 대한 우려의 목소리가 높다. 원전을 추진하는 기관과 안전을 유지하고 규제하는 기관은 각각 독립적으로 구성되어야 한다는 것은 상식이다. 국제원자력기구(IAEA)도 1993년 "원자력 안전기관은 그 책임을 다하기 위해 원자력

45) 이승준, '원전 위에 군림하는 그들만의 리그' 〈이코노미인사이트〉 2013년 7월 1일, 제9호.
46) 한재각 · 이정필 · 이강준 · 이진우 · 김수진, 「탈핵 에너지 전환의 정치 · 사회 시나리오 연구」(에너지기후정책연구소 · 프리드리히에버트 재단, 2012년) p.61.

진흥 조직이나 기구로부터 효과적으로 독립해야 한다"는 내용을 담은 '기본 안전 원칙'을 제시한 바 있다.

진흥기관과 규제기관의 분리는 세계적인 흐름이기도 하다. 미국은 1975년 에너지부 산하 원자력에너지위원회(AEC)의 진흥·규제 업무를 떼어내 '원자력규제위원회'(NRC)라는 독립기구를 세웠다. 프랑스의 원자력안전기구(ASN), 캐나다의 원자력안전위원회(CNSC)도 마찬가지다. 일본도 원자력안전보안원(경제산업성)과 원자력안전위원회에 흩어져 있던 규제기관을 후쿠시마 원전 사고 뒤 한데 모아 원자력규제청(NRA)을 세웠다.

우리나라는 2011년 교육과학기술부 산하 기관이던 원자력안전위원회를 따로 떼어내 대통령 직속기관으로 만들었다. 그리고 한국원자력안전기술원, 한국원자력통제기술원도 원자력안전위원회 아래로 옮겼다. 원자력 관련 법률도 50여 년간 '원자력법' 단일 체계로 유지되다 2011년 7월 원자력진흥법, 원자력안전법, 원자력안전위원회법으로 분리됐다. 뒤늦게나마 구조적 독립성에 신경을 쓰게 된 것이다.

그나마 이러한 대원칙은 곧 도전에 부딪힌다. 박근혜 정부는 취임 직후 원자력안전위원회를 미래창조과학부 산하 기관으로 옮기려다 커다란 사회적 반발을 샀다. 원전의 안전을 중시하는 세계적 흐름을 거스르는 조처였다. 그러자 원자력안전위원회는 총리실 산하로, 한수원은 산업통상부 산하로 이관한다. 그 과정에서 위원장 직위가 장관급에서 차관급으로 낮아졌는데 이로써 국무회의, 에너지 관계 장관회의에 참석할 자격을 잃었다. 견제 역할은 물론 독립성도 약화됐다는 지적이 나오는 이유다.

견제와 감시가 제대로 작동하지 않는 원자력산업계를 두고 흔히들 '선수가 심판을 겸하는 경기'에 비유한다. 우여곡절 끝에 기관을 분리하고 법을 정비했지만 여전히 '선수'와 '심판'이 뒤섞여 있다. "그 나물에 그 밥"인 것이다. 다음 두 가지 예를 살펴보자.

> 원전 안전점검 등을 담당하는 한국원자력안전기술원(KINS)은 원전 사업자인 한수원으로부터 2000~2010년 2700억 원의 예산을 지원받는 등 독립성을 온전히 보장받지 못하고 있다. KINS의 2012년 예산을 살펴보면 1064억 8500만 원의 예산 가운데 한수원이 직간접적으로 지원한 예산이 549억 원으로 절반을 차지한다. 2013년 460억 원이 책정돼 있다. '을'이 '갑'의 안전을 감시하는 모양새다. 국회 미래창조과학방송통신위원회 소속 전병헌 새정치민주연합 의원이 공개한 자료를 보면 한국원자력안전기술원은 최근 4년 동안 한수원으로부터 1827억 원의 예산을 지원받은 것으로 나타났다.[47]

이러한 지적에 대해 한국원자력안전기술원은 "원전을 운영하는 데 드는 비용이니 '사업자 부담' 원칙에 따라 한수원이 부담해야 한다는 취지다. 또 예산은 한수원이 아니라 기획재정부가 엄격히 심사하고 있다"고 설명했다. 이에 대해 양이원영 환경운동연합 에너지기후팀 처장은 "한국원자력안전기술원이 원전의 점검 용역을 나설 때마다 한

47) 이승준, '원전 위에 군림하는 그들만의 리그' 〈이코노미인사이트〉 2013년 7월 1일(제39호), 전병헌 새정치민주연합 의원실 보도자료 「원자력안전기술원-한수원, '상납형 지원시스템'에 뒤얽힌 밀월관계」(2014년 10월 8일).

수원에 일일이 설명해야 하는 게 현실이다. 원전에 대한 전문성이 없는 기획재정부가 안전 예산을 얼마나 꼼꼼히 따질 수 있겠느냐"고 반박한다.

국회 미래창조과학방송통신위원회 최민희 의원(새정치민주연합)은 2014년 10월, 원자력안전위원회로부터 제출받은 '원자력안전위원회 전문위원 외부기관 용역수탁 현황자료'를 분석한 결과 "15명의 전문위원 중 7명이 외부 용역을 수행한 것으로 나타났다"고 밝혔다. 위원장을 제외한 14명의 위원 중 절반이 외부 용역을 따낸 셈이다.

'심판'인 원자력안전위원회의 실무적인 자문 및 심의 · 의결 사항의 사전 검토를 담당하고 있는 전문위원들이 산업통상자원부, 한수원 등 원전 운영 · 진흥 기관의 용역을 수행한 것이다. 이들은 원전 고장 · 사고 발생 시 사고 원인과 재가동 여부, 원전의 계속운전(수명연장) 등을 결정하는 데 영향을 끼치는 인사들이다. 최민희 의원의 분석에 따르면 황일순 위원 등 전문위원 7명은 15건의 연구 용역을 맡아 총 49억 1340만 원을 받은 것으로 나타났다. 며칠 뒤 최 의원이 한수원, 미래창조과학부 등의 자료를 추가로 제출받아 분석한 결과 12명의 위원이 약 451억 원에 달하는 47건의 연구 용역을 수주한 것으로 드러났다.[48]

원자력안전위원회가 최민희 의원에게 밝힌 해명은 다음과 같다.

48) 최민희 새정치민주연합 의원실 보도자료 「원전이 위험하다-원자력안전위원회 전문위원 12명, 연구 용역으로 451억 원 받아」(2014년 10월 8일).

"기술적 전문성이 요구되는 전문위원의 특성상 교수 등 인력 풀이 제한적일 수밖에 없으며, 무보수 · 비상근으로 자문 역할을 수행하기 때문에 연구 용역 등 생계수단을 제재할 근거가 없다."

즉, 원자력 관련 인력은 결국 '거기서 거기'이기 때문에 원전을 감독 · 감시하는 '심판'들이 원전 운영에 관한 연구 용역을 수행하는 '선수'를 겸할 수밖에 없다는 소리다. 이에 대해 최 의원은 묻는다.

"산업부와 한수원에서 수억 원씩 용역을 받는 전문위원들이 한수원을 제대로 감시할 수 있겠나?"

지식은 권력이다?

"원전 마피아를 해체해야 한다"는 목소리는 정전 사고 은폐와 납품 비리를 거치며 더욱 커지고 있다. 그러나 앞에서 봤듯이 좁은 원자력계 인력 풀의 한계, 과학성과 전문성이라는 조건 탓에 쉽게 풀기 어려운 측면이 있다. 관계자들을 만날 때마다 '원자력은 비전공자가 알 수 없는 분야다, 안전한데 괜히들 불안해한다'는 시선을 느낀다.

근거가 전혀 없는 것도 아니다. 대부분의 기자가 원전과 핵 문제에 대해 빙산의 일각조차 알지 못한 채 기사를 쓰는 경우가 많다. 따로 공부를 하고 전문가를 찾아다녀도 쉽지가 않다. 이 분야를 전문적으로 다루는 언론인이 적은 이유다.

지금 당장 '원전안전운영정보시스템'(opis.kins.re.kr)에 들어가 '사고 · 고장 정보'를 찾아보자. 자료를 보면 용어 자체도 낯설고 도대체 무슨 말인지 이해가 안 간다. 다음은 2014년 1월 29일 정지된 한울(울진)원전 5호기의 고장 원인에 대한 설명이다.

> 제어봉집합체 다중 위치편차에 의한 원자로 자동정지
>
> 2014년 1월 29일(수) 04:17경, 전출력 운전 중인 한울 5호기에서 핵비등이탈률-저(DNBR-Lo) 신호가 발생하여 원자로가 자동정지되었다. 현장 조사 결과, 제어봉구동장치 제어계통 전력함 #15의 제어봉집합체 #62 및 #65 구동회로 각각에 설치된 2개 광격리카드의 패턴면 섬락 영향으로 전력함 내 퓨즈가 용단되어 구동전원 상실 및 2개 제어봉집합체 낙하가 발생하였으며, 이에 따라 동일 부그룹 내 제어봉집합체 다중 위치편차 발생으로 노심보호연산기에서 핵비등이탈률-저(DNBR-Lo) 신호가 발생하여 원자로가 자동정지되었다. (중략)

요즘은 친절하게 설명해주는 병원이 늘었다고는 하지만, 영어로 휘갈겨 쓴 처방전을 이해할 수 있는 사람은 많지 않을 것이다. 원자력업계도 마찬가지다. 인문학 전공자로서 원자력과 관련한 보고서를 마주하면 첫 장부터 현기증을 느끼게 된다. '전문성' 앞에서는 언론도 의사 앞에서 막연한 불안을 느끼는 환자와 다름없는 것이다. 아마도 그들은 "원전은 위험하다. 탈핵을 준비해야 한다"는 주장에 '아무것도 모르면서 우리에게 손가락질한다'고 생각할지 모른다.

문제는 원전 사고가 전문가와 비전문가를 가리지 않는다는 데 있다. 원전은 저 멀리 떨어진 우주가 아닌 우리가 사는 이곳에 자리 잡고 있다. 한 번의 사고로 모든 걸 잃을 만큼 파괴력도 크다. 자신들에 대한 비판을 개인적인 비난으로 여겨서는 안 되는 이유다. 비판은 전공자, 엔지니어들 몇몇을 향하지 않는다. "원전에 대해 더 철저하게 감독하고 감시해야 한다"는 지적은 결코 "당신들은 모두 비리를 저지르거나 도덕적으로 옳지 않다"는 뜻이 아니다. 오랫동안 원자력의 경제성과 우수성을 배워왔기에 경계심을 잃을 수도 있다는 것이다.

독점과 원자력의 안전에 대한 맹신은 스스로 극복할 수 있는 문제가 아니다. 시민사회단체 · 탈핵운동가 등이 주는 '외부적 자극'이 필요한 것이다. 원자력의 문외한인 기자들이 비판적인 기사를 쓰는 이유이기도 하다. 원전은 수많은 사람의 생명이 달린 문제이다. 견제 · 감시는 필수다. 더구나 지금처럼 선수가 심판을 겸하는 폐쇄적인 상황에서 외부적 비판의 중요성은 아무리 강조해도 지나침이 없다.

원자력안전위원회의 독립성을 강화하고 규제 인력을 확충해야 한다. 국회입법조사처의 자료를 분석해보면, 2012년 6월 기준 국내 원전 1기당 규제 인력은 18.2명으로 캐나다(47.2명), 프랑스(37.8명), 미국(37.6명)의 절반에도 못 미친다. 일본(22.7명)보다도 훨씬 적다.[49]

국민과 눈높이를 맞출 수 있도록 시민사회의 참여를 지속적으로 여는 것도 필요하다. 2013년 6월 14일 국회는 원자력안전위원회 상임위원 9명 가운데 야당에서 추천한 김혜정 환경운동연합 에너지기후위원장과 김익중 동국대 의대 교수(경주환경운동연합 연구위원장)의 임명안을 통과시켰다. 이들은 대표적인 탈핵 인사로서, 처음으로 규제기관에

49) 이원근, 「원자력 안전의 현황과 정책 및 입법 과제」(국회입법조사처, 2012년)

참여하게 됐다. 원전 사고와 비리 등을 의식한 결과다.

이와 관련하여 공기업민영화와 원전 노동 · 환경에 대해 연구하고 있는 송유나 사회공공연구원 연구위원의 '원자력 테크노크라트'(technocrat, 기술관료) 문제에 대한 지적은 곱씹어볼 만하다.

> "원자력 전문가주의, 폐쇄성, 그런 걸 깰 수 있는 사회적 통제를 생각해야 하는데 지금은 원자력 테크노크라트들이 외부 비판에 '뭣도 모르는 소리 한다'는 식으로 고압적으로 대한다. 일본의 경우 민간 회사인 도쿄전력이 후쿠시마 원전 사고가 발생하기 전까지 정부에 자료를 안 줬다고 한다. 원전이 치명적인 위험으로 치닫기 전까지 버틴 것이다. 정보의 공개와 사회적 통제, 이런 구조를 만들어야 한다."

3부

원전의 경계인들

원전 노동자의 죽음

스프링필드 그리고 한국

노란 피부색 캐릭터가 등장하는 TV 만화 시리즈 〈심슨가족〉(The Simpsons)은 미국의 대표적인 장수 프로그램이기도 하다. 1987년 미국 만화가 맷 그로닝의 만화를 원작으로 한 이 시리즈는 이제 폭스TV를 대표하는 작품이 됐다. 미국의 중산층을 대변하는 주인공 호머 심슨의 가족과 주변 인물들을 중심으로 벌어지는 사건들을 통해 사회 문제를 여과 없이 풍자하는 것으로도 유명하다.

그런데 만화 속 이야기를 자세히 들여다보면, 흥미로운 대목이 있다. 바로 주인공인 호머 심슨의 직업이다. (물론 극 중에서 그의 직업은 끝없이 바뀌어왔지만) 그는 스프링필드 마을에 전력을 공급하는 '스프링필드 원자력발전소'의 안전관리원이다. 그러나 게으른 성격 탓에 스프링필드 원전의 사고율은 90%를 오르내리기 일쑤다. 게다가 발전소 사장 번즈와는 사사건건 대립하지만 어찌 됐든 그는 평생 고용을 약속받는다. 사실 1979년 스리마일 섬 사고가 일어나기 전까지만 해도 미국에서 '원전 노동자'는 대표적인 고소득 직종이었다.

하지만 이는 우리나라에서도 통용되는 이야기일까? 직접 취재하며 원전 노동자의 이야기를 들어본 결과, 그 대답은 "아니오"였다.

원전 속에서 벌어지는 죽음들

원전 안에서는 크고 작은 '사고'가 벌어진다. 거대한 기계가 작동하는 공간에서는 어쩌면 불가피한 일일지도 모른다. 2014년 초 한빛(영광) 원전에서 발생한 일도 그런 사고 가운데 하나였다.

전남 영광군 홍농읍 계마리 한빛원전 냉각수 방수로 근처 물웅덩이로 산소마스크가 떠오른 건, 1월 6일 오전의 일이었다. 한전KPS의 하청을 받은 ㄷ사의 '간접고용 비정규직' 문○○ 씨는 해안가와 맞닿은 방수로에 서 있었다. 그는 방수로 문이 제대로 작동하는지 확인하기 위해 잠수한 한전KPS 직원 김○○ 씨를 지켜보던 중이었다.

계획예방정비(O/H, overhaul)를 시작한 원전에는 평소보다 많은 인력이 투입된다. 정해진 기간 안에 중요 시설물을 점검해야 하기 때문이다. 이때 부족한 일손을 채우는 건 대부분 하청업체 직원이다. 이날도 1년 6개월 만에 돌아온 한빛원전 4·5호기의 계획예방정비가 한 달 넘게 진행되던 중이었다. 방수로 작업팀은 잠수 작업을 하는 김씨와 보조 업무를 맡은 문씨, 그리고 크레인 작업을 하는 3명으로 꾸려졌다.

원전시설에서 방수로는 온배수가 흐르는 통로 역할을 한다. 한빛원전의 경우, 방수로의 길이가 1km, 폭은 200~300m에 달한다. 계획예방정비 기간에는 방수로에 바닷물이 들어오지 못하도록 막은 뒤, 뻘 등 오물을 제거하는 정비작업을 한다. 이날도 정비가 다 끝난 뒤, 오랜 잠수 경력이 있는 김씨가 수문이 제대로 열리고 있는지를 확인하기 위해 수심 10m의 방수로 아래로 들어갔다. 그러나 시간이 흘러도 김씨는 나타나지 않았다. 기다리던 문씨는 인명구조용 줄을 당겨봤지만 아무 움직임이 없었다. 산소마스크가 떠오르자, 문씨가 급한 마음에 물속으로 뛰어들었다. 그러나 잠수 경력이 없었던 그 또한 돌아오지 못했다.

당황한 직원들은 119와 해양경찰에 신고하고 구조 작업을 벌였다. 사고 당시 한전KPS 관계자는 "방수로에 들어간 뒤 호흡 곤란이 생기면서 납 벨트를 스스로 제거했는데 신속히 떠오르지 못해 사고를 당한 것으로 보인다"고 설명했다.

사고가 나자 영광 지역의 노동단체들은 철저한 재조사와 책임자 처벌을 요구했다. 잠수 자격이 없는 문씨가 보조 업무를 하게 된 경위를 밝히고 해당 사건의 산업재해 처리 등을 요구하기 위해서였다. 그러나 노동청은 한수원이 아닌 한전KPS에 과태료를 부과했다. 한수원→한전KPS→ㄷ사로 이어진 하청구조 아래에서 한수원에 관리 감독의 책임을 물을 수 없다는 이유였다.[50]

업무 스트레스가 원인이 된 사고도 있었다. 2013년 5월, 고리원전 제1발전소에서는 운전원으로 근무하던 김○○ 씨가 불면증에 시달리

50) 안관옥, '영광 한빛원전 정비 직원 2명 사망' 〈한겨레〉 2014년 1월 7일자 15면.

다 스스로 목숨을 끊은 일이 벌어졌다. 과도한 업무 스트레스가 원인이었다. 이에 한수원 내부에서 이명박 정부가 출범한 뒤 벌어진 구조조정을 원인으로 지목하는 목소리가 들려왔다. 실제로 한수원 정원이 80% 수준으로 줄어들었고 경력 20년 안팎의 고참 운전원들이 맡아온 '발전대리' 보직이 없어졌다. 30대 초반인 김씨가 맡았던 업무도 원래는 고참 직원이 해오던 것이었다. 원전 비리 사고가 이어지면서 조그만 실수에도 중징계를 내리던 당시 한수원 내부의 엄혹한 분위기도 심리적 압박을 높였을 것이다.

인력 부족에 따른 현장의 문제는 고리원전에만 있었던 건 아니다. 2013년 7월 한울(울진)원전 5호기의 가동이 멈춰 서는 사고가 있었다. 인턴 직원이 기계를 잘못 다뤄 생긴 오작동이 원인이었다. 앞서 2012년 10월에 발생한 월성원전 1호기의 차단기 오작동 역시 막 인턴을 끝낸 신입사원의 실수인 것으로 알려진 바 있다.[51]

원전 노동과 스트레스

사람의 실수로 원전이 멈추는 일은 생각보다 잦다. 한국원자력안전기술원(KINS)의 자료를 보면, 지난 1978년 이후 발생한 원전 사고·고장 등 600여 건 가운데 사람의 실수로 발생한 사고는 모두 125건(18.6%)이다. 1위가 계측·제어 결함(29.8%)이었으며, 2위가 기계 결함

51) 황보연, '원전 수익 좇아 대폭 감원…과로에 빨간불 켜진 원전 안전' 〈한겨레〉 2013년 9월 23일자 10면.

(26.5%)이었다. 사람의 실수가 세 번째였다. 시설별로는 고리원전의 사고 · 고장이 절반에 가까운 44.2%였으며 그 뒤로 영광, 한울, 월성원전의 사고가 잦았다.[52]

열악한 환경에서 빚어지는 업무상 스트레스는 원전의 안전을 위협하는 주요 요인이다. 원전 노동자들을 대상으로 한 설문조사를 보면, 우리나라 원자력산업 분야 종사 노동자들의 총 직무 스트레스는 평균 수준을 밑돌았다.[53] 그러나 물리 환경, 직무 요구, 관계 갈등의 영역에서는 평균 이상이었다. 특히 직무 요구에 관한 영역에서는 상위 25%에 해당할 정도로 스트레스 지수가 높았다.

또한 한수원과 한전KPS, 한전원자력연료, 한국전력기술 등에서 일하는 노동자 1754명 가운데 1269명(72.3%)은 최근 5년여 동안 수행 업무가 늘었다고 답했다. 담당해야 할 시설과 설비가 증가했다고 응답한 이들도 전체의 70.4%에 이르렀다. 사람이 줄어 일감은 늘어났지만, 책임을 묻는 사회적인 압박도 높아지면서 원전 노동자들이 부담을 느낀다는 것이다.

52) 한국원자력안전기술원(KINS) 원전안전운영정보시스템(OPIS, http://opis.kins.re.kr) '사고 · 고장 정보–원전 사고 · 고장 현황'.

53) 송유나 · 진상현 · 이헌석 · 제갈현숙 · 이승우, 「원자력발전 안전한 운영을 위한 교훈, 비판 그리고 과제」(사회공공연구소, 2013년) pp.148–226. 한국산업안전보건공단의 '직무 스트레스 조사도구'를 사용해 물리 환경 · 직무 요구 · 직무 자율 · 관계 갈등 · 직업 불안정 · 조직 체계 · 보상 부적절 · 조직문화 등 8개 하부 영역으로 나눠 모두 43개 문항을 통해 진행한 이 보고서의 '안전문화 및 의식조사 평가결과'에서 원자력산업 분야 노동자의 스트레스 관련 총점은 환산 점수 100점 기준 46.8점으로 한국 노동자 평균의 하위 50% 수준이었다.

불안한 고용 구조가 부르는 원전 문제들

원전 노동자들은 고용 형태가 다양하다. 한수원과 하청업무를 맡은 공기업, 그리고 소규모 하청업체의 직원들이 원전이라는 공간에서 함께 일한다. 국내 원전 현장에는 관리 · 감독을 맡은 한수원 노동자와 비슷한 규모의 하청(협력)업체 노동자들이 있다. 겉보기에는 같은 노동자지만 하는 일이 전혀 다르다. 한빛원전에서 발생한 사고에서 한수원 직원은 보이지 않았다. 이른바 '위험의 외주화'로, 어렵고 힘든 일은 모두 하청업체 직원들이 하기 때문이다.

사실 원전 안의 고용 구조를 파악하는 작업은 생각보다 쉽지 않다. 지금까지 공개된 정보가 그리 많지 않기 때문이다. 이 때문에 취재 과정에서 만난 현장 노동자와 업계 관계자 등의 이야기를 종합해 추론해 봤다.

우리나라 원전 관리는 본부마다 차이는 있지만 크게 '한수원→1차 하청업체→(분야에 따라)2차 하청업체'를 통해 이루어진다. 한수원은 운영 · 건설 분야를 책임지고 경정비, 계측제어, 방사선 관리, 수처리, 기타 청소 · 경비 등의 업무는 하청업체가 맡는다. 경정비는 한전KPS가 계측제어는 포스코ICT의 자회사인 포뉴텍 등이 이른바 전문 업체로 활약하고 있다. 원자로의 용수처리는 한국정수공업이 주로 한다. 방사선 관리와 청소 · 경비 업무를 맡는 업체는 10여 곳이 넘는다. 두산중공업, 현대건설 등의 대기업과 관계된 하청업체도 있다.

원전에서 일하는 노동자 10명 가운데 6명 이상이 하청 노동자라는 분석도 있다. 최원식 새정치민주연합 의원실이 한수원으로부터 받은 자료를 보면, 2014년 7월 기준 원전 종사자는 모두 1만 9693명으로 이 가운데 한수원 정규직은 전체의 34%(6771명)였다. 나머지 66%는 하청업체 직원이거나 비정규직인 셈이다.

한수원의 비정규직 직원은 1114명(직접고용 81명, 간접고용 1033명)으로 6%였고, 사내 협력업체 직원은 1만 1808명으로 60%였다. 발전소별로 보면 한빛원전은 전체 종사자 5005명 중 74%가, 월성원전과 고리원전도 각각 65%와 56%가 비정규직 또는 협력업체 직원이었다. 최근 5년 동안 비정규직 노동자 수가 가장 많이 늘어난 곳은 한빛원전(123%)이었다. 고리원전(73%), 월성원전(72%), 한울원전(55%)이 그 뒤를 이었다. 전체 원전에서 비정규직 노동자는 평균 77%가 늘어났지만 같은 기간 정규직은 13%(5990명)가 늘어나는 데 그쳤다.

최 의원실은 "한수원이 연도별 협력업체 현황을 관리하고 있지 않아 정확한 실태는 알 수 없다. '한수원 출입 방사선 종사자 추이' 자료를 분석해보면 원전 출입자 중 협력업체 출입자 수는 최근 6년간 40%가는 것으로 본다"고 설명했다.[54]

한수원 정규직도 걱정하는 아웃소싱

원전 바깥에서 원전 노동의 구조적 문제를 파악하기에는 제한적인 요소가 많다. 게다가 아직까지는 원전의 안전성을 둘러싼 논의가 많을

54) 최원식 새정치민주연합 의원실 보도자료「2만 원전 종사자 66% 협력업체 · 비정규직」(2014년 10월 7일).

뿐, 원전 노동자와 안전성 사이에서 연결고리를 찾는 연구 · 조사는 미흡하다.

그러나 조금만 생각해보면 이러한 간접고용 문제는 '노동자의 고용안정' 차원을 넘어 원전의 안전과도 직결되는 것임을 알 수 있다. 경쟁을 통해 싼 비용으로 하청업체의 인력을 고용하고, 제대로 된 교육을 받지 못한 노동자들이 위험에 노출된 채 계속해서 원전 운영에 참여한다면 걷잡을 수 없는 결과를 낳을 수 있다. 또한 사고가 났을 때 정부가 아닌 하청업체에 책임이 전가되는, 결코 정의롭지 못한 상황에 이를 수 있다.

그럼에도 정부는 별다른 문제의식이 없어 보인다. 한국원자력산업회의가 2006년부터 매해 펴내는 「원자력산업 실태 조사」 보고서에서도 원전 안에서 근무하는 '간접고용 비정규직'에 대한 현황 파악이 미흡하다. 2014년 보고서를 보면, 2012년 기준으로 우리나라 원전 산업 분야에 종사하는 이는 모두 2만 8195명이다. 분야별로는 기술직(62.8%), 사무직(12.9%), 연구직(12.5%), 기능직(11.8%) 순이었다.

공공기관과 민간기업의 비중은 6대 4의 수준으로, 한수원과 한전KPS, 한전원자력연료, 한국전력기술, 한국원자력연구원 등의 공공기관이 원전 운영 · 관리 · 연구개발(R&D) 등을 맡고 있다. 민간기업으로는 두산중공업, 현대중공업, 현대건설, 삼성물산 등 원자로 · 원전시설 건설을 맡는 컨소시엄 업체와 이들로부터 일감을 받는 하청업체를 꼽을 수 있다. 보고서는 또 종사자의 21.6%(6088명)가 300명 이하의 중소기업에서 일한다고 설명했다.

그러나 이러한 수치가 이른바 '소사장' 형태의 하청업체 현황까지 제대로 반영하고 있는지는 의문이다. 좀 더 구체적으로 간접고용 비정규직을 포괄하는 노동 구조를 파악하는 일이 시급하다. 하청업체 노동자뿐만 아니라 한수원 등 원전 관련 공공기관의 정규직 노동자들도 간접고용의 확대를 우려하고 있기 때문이다.

한수원, 한전KPS, 한전원자력연료, 한국전력기술 노동자 1771명을 대상으로 한 사회공공연구소의 설문 · 심층면접[55]에서 "아웃소싱이나 경쟁이 원자력 안전기술을 유지 · 발전시키는 데 장애 요소가 되는가?"라는 질문에 응답자의 약 79%가 "그렇다"고 답했다. 사업장별로는 한수원 · 한전KPS 〉 한국전력기술 〉 한전원자력연료 순서로 비중이 높았다. 또 "원자력산업에 도입되고 있는 경쟁, 비용 절감, 아웃소싱 등 민간 진입식 경쟁체제가 원자력산업의 안전성을 저해할 것인가?"라는 질문에 "그렇다"고 답한 이들은 약 93%나 됐다. "민간 참여로 인해 포괄적인 원자력산업의 안전성이 저해될 것인가"라는 질문에는 87% 가량의 응답자가 동의했다. 대다수의 원전 종사자들이 지금의 하청시스템으로는 원전의 안전을 담보하기 어렵다고 보고 있는 것이다.

55) 송유나 · 진상현 · 이헌석 · 제갈현숙 · 이승우, 「원자력발전 안전한 운영을 위한 교훈, 비판 그리고 과제」(사회공공연구소, 2013년) pp.148~226.

우리는 협력업체 직원입니다

원전이 낳은 비극의 노동

원전 노동의 구조적 문제는 우리나라만의 문제는 아니다. 원전 보유국마다 비슷한 문제를 겪고 있다. 거대한 원전시설의 경제성을 유지하고 수익을 내는 데 '인건비'를 줄이는 것이 가장 손쉬운 선택이기 때문이다. 그런 의미에서 일본의 노동 현실을 비교해보는 것도 의미가 있을 것이다.

일본은 전 세계에서도 손꼽히는 원전 밀집 국가이다. 원자력안전위원회의 국회 제출 자료를 보면, 1km²당 밀집도 기준으로 한국(0.20기)이 1위, 일본(0.11기)이 4위를 차지할 정도다.[56]

취재 과정에서 한국과 일본의 전 · 현직 원전 노동자를 만날 기회가

56) 원자력안전위원회, 장하나 새정치민주연합 의원 국회 국정감사 제출자료「원전밀집도 국제비교」(2014년 8월)

있었다. 한자리에 모인 두 나라 노동자들의 이야기는 닮아 있었다. 고향도, 언어도 달랐지만 비슷한 경험을 가진 이들은 '불안'과 '공포'라는 화두를 공유했다. 여기 한전KPS 하청업체 노동자 임재경 씨, 후쿠시마 제1원전 하청업체 노동자 출신인 니이쯔마 히데아키 씨와 나눈 대화를 소개한다.[57]

울진원전 하청 노동자 임재경 씨

> "사실 발전소 밖에 있을 때는 크게 부러워할 만한 직장이라고 생각하지는 않았어요. 다른 일을 하면서 일할 곳이 없으면 (원전에) 갈 수도 있겠다는 생각을 하긴 했었죠."

경북 울진에서 만난 임재경(45) 씨는 그곳에서 나고 자랐다. 그의 직장은 울진원전 제2발전소다. 그가 스무 살 적 동네 바닷가에 처음 들어선 울진원전은 현재 원자로를 10기까지 늘리는 공사를 진행하고 있었다.

그가 원전 일을 시작한 건, 7년 전쯤이다. 위의 말대로 애초에 원전 일을 할 생각은 아니었다고 한다. 1990년대 말 국제통화기금(IMF) 위기가 닥치면서 사업이 실패하고 여러 직업을 전전해야 했다. 울진에서

57) 투명사회를 위한 정보공개센터, 에너지기후정책연구소, 녹색당 탈핵특별위원회 등 8개 기관이 2014년 9월 23일 서울에서 주최한 '한-일 핵발전 노동 워크숍: 포스트 후쿠시마, 핵발전 노동자의 삶' 행사 발제자로 초청된 니이쯔마 히데아키는 2014년 9월 24일 경북 울진을 방문해 임재경 씨를 만났다. 이들의 만남을 동행 취재했다.

개인 운전사 등의 일을 하던 그는 마침 하청업체 일자리 공고를 보고 울진 원전에 들어오게 됐다.

"원서 써서 지원했는데 일자리가 나지 않아 우선 기다리라고 했습니다. 그러다 연락이 와서 곧장 취업을 하게 됐습니다."

임씨가 일하고 있는 N사는 모두 17명이 직원으로 있다. 한수원에서 정비 하청업무를 맡고 있는 한전KPS로부터 일감을 받아 일하는 이른바 '2차 하청업체'다. 그가 하는 일은 울진원전 3·4호기가 있는 제2발전소의 주요 시설 안을 지나는 배관 등에 절연장비를 씌우거나, 냉각수가 흐르는 배관에 물이 맺히지 않도록 관리하는 업무를 한다. 배관에서 발생하는 열로 작업자가 화상을 입거나, 배관에 결로가 생겨 방사능에 오염되는 일을 막기 위해서다. 그러나 꼭 그 일만 하는 것도 아니다. 한전KPS에서 요구하는 다양한 잔업도 그의 몫이다.

"한전KPS 직원이나 우리가 하는 일이 큰 차이는 없다고 생각합니다. 거의 비슷하죠. 여기 일하는 직원들은 대부분 울진·삼척 주민인 경우가 많아요. 거의 90~95%가 그렇다고 보면 되죠. 그래도 여기는 월성·고리 쪽 하청업체들 사정보다는 임금과 처우가 나은 편으로 알고 있습니다."

하청구조는 단순하지만, 늘 해고에 대한 '불안감'이 존재한다. 한전KPS가 맡고 있는 정비 분야에서는 1년마다 업체를 새로 선정한다. 다른 분야도 대부분 1~3년마다 입찰을 통해 업체를 선정한다. 그러나 인원이 통째로 바뀌지는 않는다. 새로 입찰을 따낸 업체가 기존 회사의 직원들을 고용승계하는 형식이라 사장, 임원진만 바뀌는 게 관례다. 원전 분야의 특성상 숙련된 직원을 필요로 하기 때문이다. 그러나 일하다가 정규직이 되는 경우도 거의 없다. 재계약에 대한 부담 때문에 하청 노동자들은 정당한 요구를 하는 데 소극적일 수밖에 없다.

"1년마다 업체가 바뀌곤 합니다. 저도 이 일 시작하고 나서 5번 정도 바뀐 것 같아요. 대부분 고용승계한다고 하지만 꼭 그런 것만은 아니죠. 이쪽 지역에서 일하던 새 사장이 입찰을 따내서 자기 회사에 부인이나 친·인척을 끼워 넣어주면 기존에 일하던 사람은 잘려나가야 돼요. 한전KPS 직원과 같은 일을 하면서 절반 수준의 월급을 받는 것도 힘든데, 1년마다 회사를 계속 다닐지 고민해야 하는 현실입니다."

원전 노동자에게 피할 수 없는 건 방사능 피폭이다. 작업을 할 때마다 매번 피폭선량계로 측정하지만, 그는 수치를 매번 확인하지는 않는다고 말했다.

"우리는 (방사선량이) 약한 데에서 일해요. 저선량 지역이죠. 매번 사무실 안에 피폭량 붙여놓는데 우린 잘 확인 안 해요. 고선량 지역에 들어가야 할 때는 돌아가면서 들어가죠. 여러 명이 바꿔가면서 합니다. 누가 하고 나오면 다른 사람이 들어가는 형태로요. 한마디로 인해전술입니다. 그래서 1인당 방사선량이 기준치를 넘는 경우는 거의 없죠."

그는 2013년부터 울진원전 내 정비, 청소, 특수경비직 등 간접고용 비정규직 노동자들이 세운 공공비정규직노조의 울진지회장을 맡고 있다. 같은 일을 하면서도 적절한 처우를 받지 못하는 상황에 집단적으로 맞서고자 꾸려진 조직이다. 우선 '고용 불안'이라도 해소해보자는 게 이들의 목표다.

"오늘도 청소 용역업체 직원들 만나고 왔어요. 이번에 (한수원과의) 계약이 만기되면서 4명씩 자른다는 얘기가 돌고 있대요. 그래서 청소 아줌마들 만나고 왔죠. 다들 40~50대 된 분들인데, 노조 들어오는 거 자체도 겁내 하시죠. 괜한 불이익이라도 당할까봐 걱정되니까요."

후쿠시마원전 하청 노동자 니이쯔마 히데아키

"처음에는 이 일이 위험하다는 생각을 못 했다. 원전은 이미 일상이었고, 고등학교를 마친 뒤 원전에서 일하는 친구도 꽤 많이 있었기 때문이다."

니이쯔마 히데아키(32)는 일본 후쿠시마현 나라하마치 출신이다. 원전 사고 뒤 이재민이 된 그와 가족들은 현재 후쿠시마현 이와키시의 가설주택과 아파트에 흩어져 살고 있다. 그의 직업은 '오텐토SUN 기업조합'의 해설사다. 후쿠시마현의 방사능 위험 경계지역을 포함해 고향 근처를 방문하는 사람들을 대상으로 이른바 '가이드 투어'를 한다. 그는 원전 사고 전까지 후쿠시마 제1원전의 하청 노동자였다.

“지진이 날 때 원전 안에서 정기 검사 보고서를 쓰고 있었다. 건물 밖으로 대피한 뒤 사무실에서 모여 집으로 귀가하던 길에 방송으로 원자로의 폭발 소식을 접했다. 꿈인가 현실인가 판단하기 어려웠다.”

원래 기술자가 되고 싶었던 그는 고향에서 인터넷 케이블 부품을 검사하는 하청업체에서 일했다. 2008년 친구의 소개로 마을 북쪽에 있는 후쿠시마 제1발전소로 직장을 옮겼다. 후쿠시마 원전은 그가 태어나기 전부터 돌아가던 발전소였다. 발전소는 나라하마치 사람들 사이에서는 나름 괜찮은 직장으로 통했다.

“방사선량이 상당히 높은 곳이었다. 옷을 갈아입는 데 5분이 걸릴 정도로 두꺼운 방재복을 입고 작업을 했다. 일하기 위해 그라인더 연마, 분진 다루기, 저산소 지역 근무와 관련한 자격증도 땄다.”

그가 들어간 H사는 직원 10명이 후쿠시마 제1발전소 안에서 기계 유지·보수 업무를 맡고 있는 하청업체였다. 그는 냉각재순환 펌프와 사용후 핵연료 저장고에서 핵연료를 폐기할 때 사용하는 절단 장치를 분해·점검하는 일을 맡았다. 발전소 일은 그렇게 고되진 않았다. 점검기간이 아니면 보름 가까이 여유로울 때도 있었지만, 점검이 시작되면 하루도 쉬지 못하는 경우가 많았다.

“일당이 1만 7000엔이었다. 그 회사 사람들과 친분을 쌓고 더 상위의 하청회사로 들어가려던 찰나에 사고가 났다. 상부 회사와 사이가 좋아지고 일에 숙련이 되면 더 나은 회사로 옮길 수 있었다. 그렇게 되면 떼이는 돈도 줄일 수 있다."

니이쯔마는 자신이 근무한 H사가 어디에서 하청을 받는지조차 정확하게 알지 못했다. 그만큼 하청구조가 복잡했기 때문이다.

"원청회사인 히타치에서 시작해 몇 개 업체를 지나야 우리 회사가 나온다. 정확하지는 않지만 3차·4차 하청의 중간쯤이었던 것 같다. 사실 일할 때는 (하청구조를 제대로) 몰랐다. 지금도 크게 와 닿지는 않는다. 직장보험도 가입해줘서 하청구조가 문제라는 점을 못 느꼈다."

계약이 끝나고 일을 그만둔 후 100mSv 이상 피폭됐다는 검사 결과를 통보받았지만 그는 '대수롭지 않은 일'로 생각했다. 기회가 된다면 원전에서 일을 계속하고 싶어 했다.

"만약 다른 곳에서 태어났다면 원전에서 일하지 않았을 것이다. 선택지가 원전밖에 없었다. 하지만 다시 일할 기회가 생긴다면 후쿠시마가 아닌 니가타 원전에라도 가서 일하고 싶다. 수당도 좋고, 익숙한 일이다. 피폭 위험이 있지만 교육만 제대로 받고 일하면 과잉 피폭은 안 당한다."

한국의 노동시장에서 간접고용이 워낙 만연해 있기에 이것이 원전 노동자들만의 특수한 문제라고 보기는 힘들다. 그러나 이들에게는 다른 업계에서 찾아보기 힘든 '피폭'과 '중층하청구조'에 따른 문제들이 있다.

원전 노동자가 겪는 큰 어려움은 피폭이다. 방사선에 지속적으로 노출될 수밖에 없다 보니 일상적으로 건강을 위협받는다. 현재 원자력안전법에서 정한 방사선 피폭선량 한도는 다음과 같다. 일반인은 한 해 동안 1mSv(밀리시버트 · 피폭 단위)를, 방사선 작업 종사자는 한 해 최대 50mSv, 5년 동안 100mSv를 넘지 않도록 정하고 있다. 제한된 피폭선량을 넘긴 노동자는 사실상 해고 통보를 받아야 한다.

한수원이 국회에 제출한 자료에 의하면, 2013년 한수원 출입 방사선 종사자 1만 4715명 가운데 한수원 노동자 5250명의 1인당 피폭선량은 0.14mSv였다. 하지만 월성 1호기 압력관 교체 공사를 한 하청업체 노동자들(4명)의 평균 수치는 2.65mSv로 그보다 18.9배 많았다. 모두 법으로 정한 피폭선량에는 미치지 않지만, 원전 노동자의 평균 피폭선량인 0.73mSv를 훨씬 웃도는 결과로 그 차이는 해마다 커지고 있다.[58]

두 원전 노동자의 사례에서 알 수 있듯이 일본은 우리나라보다 하청구조가 좀 더 복잡하다. 그러나 일본 '피폭 노동을 생각하는 네트워크' 활동가 나스비는 "중층하청구조는 일본과 한국이 거의 똑같다"고 주

58) 에너지정의행동 · 최재천 민주당 의원실 보도자료 「국내 핵발전소 하청 노동자 피폭량, 한수원 정규직의 최대18.9배」(2013년 10월 16일)

장했다.[59] 그는 두 나라의 원전산업을 비교하면서 "(발주업체로부터 하청이 겹겹이 이어지는) 건설업계의 중층하청구조는 태평양전쟁을 통해 일본에서 한국으로 넘어간 제도다. 원전산업에서도 하층 노동자를 착취하는 시스템으로 전쟁 때와 그 본질을 바꾸지 않은 채 남아 있다"고 말했다. 1980년대부터 일용노동자 지원 활동을 해온 그는 2011년 후쿠시마 원전 사고가 벌어진 뒤 수습 작업을 벌이는 현장의 제염노동자를 대상으로 노동상담 · 노동쟁의를 돕고 있다.

그는 지난 3년 6개월 동안 후쿠시마 원전의 복구 작업 등과 관련해 만났던 원전 노동자의 상당수가 임금 미지급과 부당해고 등의 문제를 호소했다고 한다.

"일본 전력회사는 원전이라는 플랜트를 구비해 발전사업을 하고 있을 뿐이다. 유지 · 보수는 다른 회사에 위탁한다. 전력회사, 관계 회사 제조사인 히타치, 도시바에게 위임하면 이들은 다시 1차 · 2차 · 3차 하청으로 일을 세분화해 위탁한다. 도쿄전력이 인정하는 하청 범위는 3차까지로 알려졌다."

그러나 현실에서는 또다시 하청에서 하청으로 이어진다.

"이런 경우 3차 하청업체의 명의를 빌려 일을 진행할 때도 있었다. 업체에서 노동자가 받아야 할 위험수당을 가로채거나, 하루에 흰 쌀밥 한 그릇에 절인 채소 한 줌만 주는 열악한 노동환경을 제시하기도 한다." 그렇게 6 · 7차 하청업체까지 내려가면서 고용과 책임이 불명확해진다.

---

59) 나스비는 투명사회를 위한 정보공개센터, 에너지기후정책연구소, 녹색당 탈핵특별위원회 등 8개 기관이 2014년 9월 23일 서울에서 주최한 '한-일 핵발전 노동 워크숍: 포스트 후쿠시마, 핵발전 노동자의 삶' 행사 발제자로 참석했다.

한편 그는 피폭을 원전 노동자들의 삶을 위협하는 가장 큰 문제로 꼽고 있었다.

“원전 업무를 설명할 때 중앙제어실에서 모니터를 보는 장면을 보여준다. 여기에는 전력업체 직원이 일한다. 그러나 원자로에 직접 들어가서 하는 작업은 하청업체 몫이다. 피폭량 차이도 엄청나다”며 “당장 먹을 게 없는 사람들이 5~10년 뒤 피폭 후유증을 감수한 채 일에 뛰어든다. 물론 모두가 그런 건 아니겠지만 원전은 기본적으로 빈곤, 차별 구조 아래 존재한다”고 말했다.

나스비는 지금도 원전 노동자들과 부당한 처우를 개선하는 활동을 하고 있다. 2014년 3월에는 피폭 노동자를 모아 국가와 원청업체를 상대로 요구서를 만들고 집회도 벌였다.

“(후쿠시마 사고 이후) 피폭 노동에 제대로 대응하지 못했다. 한국도 비슷하다고 생각한다. 비인간적 노동을 누군가 짊어져야 하는 사회를 만들었다. 우리 책임이다. 노동환경을 지켜가면서 피폭 노동을 줄이는 사회를 만들어야 한다. 중층하청구조가 사라지지 않는 한 계속될 테니 말이다.”

임재경 씨의 말이 떠올랐다.

“우리는 원전에서 일하고 있지만 울진에 원전이 새로 더 생기는 것은 반대합니다. 원전이 더 생겨봤자 지역 사람들을 정규직도 아닌 하청업체 직원으로밖에 안 만들 테니까요. 결국 주민들한테는 득보다는 실이 많은 것 아닌가요.”

대도시를 위해 세워진 원전 안에서 생계를 이어가야 하는 주민이자 노동자인 그들이 겪어야 할 고통이 적지 않은 게 현실이다.

원전 속 노동 기본권

현대자동차 불법파견 소송의 물꼬

거의 10년 만의 '승리'였다. 2014년 9월 18일 서울 서초동 서울중앙지법 건물을 빠져나온 현대자동차 사내하청 노동자들은 환호했다. 이날 서울중앙지법 민사41부(재판장 정창근)는 현대자동차 사내하청 노동자 994명이 현대자동차를 상대로 낸 근로자지위 확인 소송에서 이들의 지위를 인정하는 판결을 내놓았다. 비록 1심 판결이었지만, 그동안 이어오던 현대자동차 불법파견 논란에 돌파구가 생겼기 때문이다.

현대자동차 공장에서는 프레스(철판 가공하기), 차체(뼈대 만들기), 도장(도료 칠하기), 의장(부품 조립하기) 등의 생산 공정마다 고용 정규직과 파견 노동자가 섞여서 일한다. 현대자동차 비정규직 노조가 '불법파견' 문제를 제기했을 때, 사측은 "사내하청업체에 특정 업무를 통째로 맡긴 것이기 때문에 적법한 도급"이라는 주장을 펼쳤다. 그러나 재판에서는 이 주장이 받아들여지지 않았다. 원청 업체인 현대자동차의 필요에 따라 사내하청 노동자들의 업무 범위나 담당 공정 등이 수시로 바뀌었으며, 현대자동차가 직접 작업 지시를 내렸다는 등의 이유 때문이다.

사실 이 싸움은 오래된 논쟁이기도 하다. 대법원에서는 이미 2010년 사내하청 노동자인 최병승 씨에 대해 정규직이라는 점을 확인시켜줬지만, 현대자동차는 개인에 대한 판결이라며 버텨왔다. 그러나 이번 판결로 현대자동차가 모든 제작 공정에서 사내하청 노동자를 쓰는 게 불법임이 확인된 것이다.

원전 노동자들의 파업

현대자동차 사내하청 노동자들의 소송은 많은 논란을 낳았다. 파견, 도급, 용역, 외주 등 이른바 '간접고용 비정규직'을 설명하는 용어가 넘쳐날 정도로 우리 사회에 일반화된 문제지만 아직도 정확한 개념이 정립되어 있지 않기 때문이다. 노동계와 학계의 시각 차이도 크다.

일반적으로 쓰이는 의미를 정리하면 이렇다. 비정규직은 크게 '직접고용 비정규직'과 '간접고용 비정규직'으로 구분할 수 있다. '직접고용'이란 고용주와 사용자가 같다는 뜻이다. 즉, 일을 시키는 사장과 월급을 주는 사장이 같다는 것이다. 반면 간접고용은 일을 시키는 사장과 월급을 주는 사장이 다른 경우를 말한다. 정부의 공식적인 통계는 없으나 노동계는 국내 간접고용 노동자의 규모가 200만 명을 넘어선 것

으로 보고 있다.[60]

한수원과 한전 자회사들을 제외한 대다수 업체들도 간접고용 논란에서 자유롭지 못하다. 2013년 8월 22일 오후 서울 삼성동 한국전력 사옥 앞에서 열린 집회는 간접고용을 둘러싼 노동계와의 첫 '파열음'이었다. 국내 원전에서 일하는 한수원의 하청업체 노동자들이 모여 있는 '공공비정규직 노동조합' 소속 노동자 120명은 이날 한국전력 앞에서 '한수원 비정규직 권리쟁취 결의대회'를 열었다. 이들은 집회를 통해 "한수원과 한전KPS를 상대로 고용승계 명문화와 상여금 400% 계상, 10% 인원의 유동성 삭제 및 퇴직급여수당 지급, 경주시 지회장 · 사무장 고소 철회 등의 요구안 10가지를 이행하라"고 주장했다.

원전 하청업체의 노동자들이 본격적으로 행동에 나서게 된 '기폭제'는 원전 비리 사건이다. 경영진이 비리에 연루된 한국정수공업은 1년 동안 원전 용역 입찰에 참여할 수 없는 '부정당 업체'가 되었다. 졸지에 일자리를 잃게 된 200여 명의 노동자들이 한국정수공업을 상대로 단체행동에 들어간 것이다. 고리, 월성, 한빛, 한울원전에서 일하는 용수처리 노동자들은 2014년 8월 "한국정수공업이 12년 동안 사업을 독점하면서 수백억 원의 이익을 남기고도 노동자들의 5차례에 걸친 교섭에서 불성실한 태도로 일관했다"며 단체행동에 들어가겠다고 밝혔다.

이른바 '원전 마피아'들의 전횡으로 생계가 막막해진 원전 하청업체 노동자들의 집단행동은 이번뿐만이 아니었다. 2014년 1월에는 월

60) 전종휘, 심층 리포트 '브레이크 없는 나쁜 일자리, 간접고용: 파견 · 도급 · 용역…모두 간접고용 비정규직' 〈한겨레〉 2014년 9월 29일자 5면.

성원전에서 일하는 7개 외주 용역업체의 노조가 임금협상이 결렬되자 파업에 들어갔다. 이들은 “국가계약법상 용역 노동자의 임금은 업체 낙찰률 하한선인 87.7% 이상을 유지하도록 규정하고 있는데 사측이 83% 선을 고수해 기본급이 7만 원 이상 차이가 난다”며 적절한 임금 인상을 요구했다. 이들은 “매일 연장근로 등으로 한 달 평균 130시간 이상 시간 외 노동을 하면서도 월 150만 원의 최저임금에 시달리고 있다”고 주장했다. 그동안 한수원이 추진해온 ‘비용 절감’의 후유증이 터져 나온 것이다. 이러한 현상은 그동안 노조가 조직화돼 있지 않던 경정비, 수처리, 기타 청소 · 경비 분야의 하청업체를 중심으로 나타났다.

불법파견 둘러싼 진실 게임

간접고용은 임금뿐만 아니라 고용의 안정성을 해친다. 고용승계가 이뤄지지 않거나 부당하게 해고를 당하는 하청업체 노동자들이 많다.

한빛원전에서 방사선 안전 업무를 맡고 있는 ㅇ업체 보건물리원들의 사례를 보자. 이 발전소에는 모두 39명의 보건물리원이 업무를 한다. 이 가운데 24명이 하청업체 소속이고 나머지는 한수원 직원이다. 하청업체 노동자들은 지난해 10월 “한수원 직원과 같은 업무를 하고 직접 업무 지시도 받았다”며 한수원을 상대로 근로자지위 확인 소송을 낸다.

이들은 자신들의 업무가 단순 · 반복적이고 중요도가 떨어지는 업무라고 볼 수 없으며, 한수원 직원들과 같은 공간에서 업무를 보고 있다는 점을 강조한다. 업무의 특성도 다르지 않고 한수원 직원과의 근무표 등에서도 전혀 차이가 없다는 것이다. 소송은 현재 서울중앙지법에서 진행되고 있으며, 2015년 상반기까지 이어질 것으로 보인다. 이에 대해 다른 원전에서 하청업체 소속으로 근무하는 한 보건물리원은 "노동조합이 꾸려져 10년 전보다 근무 여건이 나아졌지만, 늘 고용승계를 보장받는 건 아니다. 발전 · 청소 분야는 더 힘들다"고 설명한다.

실제로 앞서 소송을 걸었던 전○○ 씨 등 6명은 이듬해 특별한 이유 없이 고용승계 대상에서 제외됐다. 이른바 보복성 해고를 당한 것이다.

원전업계에서 불법파견이 인정된 사례도 있다. 한수원 하청업체인 ㅎ사에서 발전기술 지원 및 화학시료 채취, 변전소 보조 운전 등에 종사해온 김○○ 씨 등 12명은 2010년 3월 회사로부터 휴대전화 문자메시지를 통해 해고 통지를 받았다. 당시 ㅎ사와 재고용을 둘러싸고 갈등을 빚었던 이들은 한수원의 직접고용을 주장했고, 이 과정에서 한수원과 ㅎ업체의 계약기간이 만료되면서 해고 통보를 받았다. 이들은 "사용자가 근로자를 해고하려면 해고사유와 해고시기를 서면으로 통지해야 하며, 서면으로 통지하지 않은 해고는 효력이 없다는 법 조항에 비춰볼 때 이번 해고는 위법 행위"라는 주장을 펼쳤고, 이 논란은 근로자지위 확인 소송으로 이어졌다. 당시 1심 · 2심 재판부는 모두 ㅎ사의 부당해고를 인정했다. 한빛원전의 전씨 등이 소송을 준비하게 된 것도 이 판결에 영향을 받은 것으로 알려졌다. 한수원과 하청업체의 전횡에 노동자들이 맞서기 시작한 것이다.

원전 노동자가 방사선에 지속적으로 노출됐거나 사고로 피폭된 경우, 이를 산업재해로 인정할지도 논란이 있다. 일본의 경우 1970년대 이후 원전 피폭을 산재로 인정한 경우가 13건에 그치고 있다. 국내에서는 2001년 울진에서 피폭당한 원전 노동자가 산업재해로 인정받은 것이 첫 사례이다. 근로복지공단은 1999년 급성골수성 백혈병으로 숨진 한전기공(현 한전KPS) 노동자 정○○ 씨 유족들이 제기한 산업재해 인정 건에 대해 "방사선 피폭에 의한 업무상 질병임이 확인됐다"고 판정한 바 있다. 이 사건을 조사한 산업안전보건연구원은 보고서에서는 "정씨가 원전의 정비 과정에서 피폭된 것이 확인되고 혈액성 암은 소량 피폭으로도 발생할 수 있으며 정씨가 질병을 일으킬 만한 다른 요인에 노출된 적이 없고 피폭량이 적더라도 백혈병 발생이 적은 한국에서는 이를 발병 원인으로 봐야 한다"고 설명했다.

정씨는 1987년부터 한전기공 직원으로 근무하며 원전의 기계부 용접과 직원으로 일했다. 그는 1995~1997년 사이 울진원전에서 밸브와 파이프 교체 공사를 벌이는 과정에서 방사능에 노출된 것으로 확인됐다. 그 뒤 정씨는 1997년 11월 백혈병 진단을 받았으며, 2년 뒤 숨졌다.[61]

40년 가까이 되는 우리나라의 원전 가동 기간 동안 크고 작은 피폭 사고가 있었다. 이 가운데 2001년 11월 28일 발생한 울진원전 3호기

61) 김규원, '원전 방사능 피폭 첫 산재 인정' 〈한겨레〉 2001년 2월 1일자 14면.

의 냉각수 오염은 '최악의 사고'로 기록돼 있다. 당시 국내 최초로 '백색 비상'[62] 이 발령됐기 때문이다. 당시 보수작업을 하던 한전기공 소속 노동자 109명이 피폭당한 사실이 뒤늦게 밝혀진다. 증기 발생기의 입구를 여는 순간 63명이 방사능에 노출되면서 장기에 내부 피폭을 당한 것이다. 문제는 초동 대응이었다. 상당수 노동자들이 방독 마스크를 쓰지 않은 채 작업했고 호흡기를 통해 피폭되었던 것이다. 과기부는 "109명의 작업자에 대한 전신피폭 검사결과 피폭 농도가 엑스레이 촬영 수준인 한 사람당 평균 11.6mrem(밀리렘)"이라며 문제될 게 없다는 입장이었다.[63]

정부 당국과 업체의 안이한 대처가 원전 노동자들의 생명을 위협하고 있는 것이다. 2005년 김영주 열린우리당 의원은 "전국적으로 934개 기관 및 기업체에서 근무하는 2만 7000명에 달하는 방사선 취급 노동자들이 산업안전의 위험에 방치되어 있음에도 노동부 등 관련 당국으로부터 관리의 '사각지대'로 남아 있다"고 주장했다. 김 의원은 과학기술부, 근로복지공단 등으로부터 제출받은 자료를 근거로 "2000~2005년 사이 방사선에 의한 백혈병 등으로 3명이 사망하고, 11명의 노동자가 방사선 허용 기준치(연간 최대 50mSv)를 초과한 것으

62) 정부의 방사선 비상대책에 따라 원전의 비상사태는 심각성의 단계에 따라 백색비상(alert)→청색비상(site area emergency)→적색비상(general emergency)으로 구분하게 된다. 백색비상은 "발전소 안전 운영을 저해할 정도의 이상 사태로 방사능 오염이 발전소 건물 내에 국한되는 경우"이며, 청색비상은 "발전소에 중대사고가 발생하였으나 방사능 오염이 발전소 부지경계선에 국한되는 경우", 그리고 적색비상은 "원자로 격납용기의 방사선 차폐 기능이 상실되어 방사능 오염이 소외까지 확산되는 경우"를 말한다.

63) 이근영, '울진원전 109명 방사능 피폭' 〈한겨레〉 2002년 12월 6일자 18면.

로 드러났다. 사망자 중 2명은 한전기공 소속 노동자로 원전 용접 · 정비 과정에서 방사선에 피폭을 당했다"고 설명했다.[64]

현재 국내 원전에서는 노동자들이 열형광선량계(TLD, 일정 기간 누적선량을 측정)와 직독선량계(ADR, 현장에서 피폭선량을 바로 측정 · 확인 가능)를 착용하고 작업을 한다. 측정 결과는 1달에 1번씩 원자력안전위원회와 개인에게 통보한다고 한다. 하지만 이것은 사후조치에 불과하다. 열악한 원전 노동자들의 근무여건을 감안했을 때 작업의 안정성을 높이는 근본적인 대안이 필요한 것이다.

64) 백만호, '방사선 노출 노동자 안전관리 허술' 〈내일신문〉 2005년 9월 28일자 18면.

원전 마을 사람들

국민의 8.2%가 원전 영향력 아래

원전은 종사자뿐만 아니라 지역 사회에도 적잖은 영향을 미친다. 특히 원전 주변 주민들의 반발이 커지면서 이를 둘러싼 갈등이 커지고 있다. 대도시에 전력을 공급하기 위해 소외지역에 대규모의 원전 단지가 들어서는 것은 우리나라뿐만 아니라 원전 추진국에서 공통적으로 나타나는 현상이다. 정부가 "국가를 위해 지역이 희생하라"는 논리를 앞세우기 때문이다.

원자력안전위원회의 자료에 따르면, 2014년 초 기준으로 원전 반경 30km 안에 살고 있는 인구는 고리원전 340만 명, 월성원전 133만 4000명, 한빛원전 15만 2000명, 한울원전 8만 1000명이다. 고리·월성 등 중복되는 지역을 제외하면 약 420만 명으로 우리나라 전체 인구(약 5100만 명)의 8.2%에 해당한다. 반경 25~30km라는 기준은 현행법상 원전에 사고 등의 문제가 생겼을 경우, 방사선 검사 결과에 따라 주민 대피명령을 하는 긴급보호조치(비상계획) 구역의 범위다. 적지 않은 숫자다.[65]

취재 과정에서 만난 원전 지역 주민들은 공통적으로 안전에 대한 불안감, 마을 공동체 파괴 등의 문제를 토로했다. 그러나 이러한 이야기는 그동안 '지역의 아우성'으로 치부돼온 경향이 많았다. '다수를 위한 소수의 희생' 논리에 익숙한 한국 사회가 이들의 고통에 공감하지 못했기 때문이다. 여기 그들의 생생한 육성을 전한다.

고리 · 월성 사람의 운명[66]

부산 기장군 기장읍에 사는 58살 김성규 씨, 그는 "원전과 인연 맺은 건 자의든 타의든 이곳이 나의 고향이기 때문"이라고 말했다. 그의 나이 15살 때 우리나라의 첫 상업 원전인 고리원전 1호기가 들어섰다고 한다.

> "여기(원전 건설 현장)에 (박정희) 대통령이 온다 했을 때 마을 사람들이 다들 박수를 치러 나갔어요. 군부대 옆에 대통령이 탄 헬기가 내렸죠. 우리는 큰 공장이 들어온다고 하니까 그저 신났고. 그동안 계속 고향 지

65) 유승희 민주당 의원실 보도자료 「대한민국 국민 10명 중 1명 원전 30km 내에 거주」(2013년 10월 16일)

66) 김성환 기자가 2014년 8월 4일~5일 김제남 정의당 의원이 진행한 고리 · 월성원전 주변지역 면담회에서 동행 취재한 내용을 바탕으로 구성했다.

켰는데, 그거 세우려고 많이들 희생했는데, 다 소용없는 거 같네요."

그가 실망하는 이유는 다름 아닌 고리원전 1호기의 연장운전 때문이다. 세월호 참사 때도 여객선의 무리한 수명 연장이 사고 원인 중 하나로 지목되었다. 그만큼 위험하기 때문이다. 그럼에도 원자력산업계는 고리원전 1호기와 월성원전 1호기 등의 설계수명을 늘리려 하고 있다. 마을 주민들은 원전이 고장으로 멈춰 설 때마다 두려움에 떨고 있다. 불안감은 후쿠시마 원전 사고를 보고 나서 더 커졌다.

고리원전 1호기가 시험 가동을 시작한 건 1977년이다. 건설 당시 설계수명을 30년으로 정해뒀던 고리 1호기는 2007년 정부의 수명 연장 심사를 거쳐 증기발생기 등을 교체한 뒤 2017년까지 가동 연한을 늘렸다. 한국원자력안전기술원(KINS) 원전 안전운영 정보시스템(OPIS)을 보면, 고리 1호기는 1978년 상업운전을 시작한 뒤 모두 130번의 사고 · 고장을 일으켰다. 더 큰 문제는 2007년 수명 연장 후 5차례나 가동이 정지됐다는 점이다. 고리 1호기를 즉각 폐쇄해야 한다는 주장이 끊이지 않는 이유다. 그럼에도 한수원은 2027년까지 연장운전을 추진하고 있다.

김씨는 고리 1호기의 수명 연장에 대해 이렇게 말했다.

"정부에 고리 1호기를 안전하게 폐쇄할 의지가 있는지 궁금합니다. 당장 고장은 기술적으로 해결할 수 있겠지만 장기적인 계획이 없다면 큰 문제 아닙니까?"

이것은 비단 고리 지역만의 이야기가 아니다. 월성 주민들은 아예 고향을 등질 생각까지 하고 있다.

"우리는 도대체 뭡니까. 우리 생명을 담보로 혜택은 경주에서 받고…. 우리 같은 농민들은 어떻게 살라는 겁니까?"

경북 경주시 양남면 나아리 월성원자력본부 앞에서 만난 지역 주민 이진곤 씨는 "콘크리트 돔이 안 보이는 곳으로 가고 싶다"고 털어놓았다. 나아리 근처에서 모텔, 식당을 운영하는 그를 비롯해 72가구 주민들은 '월성원전 인접지역 이주대책위원회'(대책위)라는 조직을 꾸렸다. 1982년 월성원전이 들어서기 전부터 살아온 지역 토박이들이 뒤늦게 대책위까지 꾸린 속사정은 좀 복잡하다.

이들은 원전이 들어서면 고향도 발전할 것이라 믿었지만, 현실은 급속하게 황폐화한 마을뿐이다. 주변에 관광지가 꽤 있지만 후쿠시마 원전 사고가 일어난 뒤 외지인들의 발길도 뜸해지면서 주민들은 생계도 막막하다. 발전소가 지어질 때만 해도 오고 가는 사람들이 많아 그럭저럭 유지되던 상권도 이제는 제 역할을 못한 지 오래다. 이씨가 운영하던 식당은 2013년 7월 문을 닫았다.

"월성 1호기, 2호기가 들어오는 간격이 10년 정도 됐어요. 건설 끝날 때쯤이면 다른 공사가 시작되곤 했죠. 공사가 끝나고 나니 그 많던 인력들이 철수해버렸죠. 땅도 다 (한수원에) 팔아버렸어요. 장사도 안 되고 농사도 못 짓고 이제는 아예 살 수 없는 곳이 된 거예요."

1982년 정부로부터 설계수명 30년을 허가받은 월성 1호기는 2012

년 설계수명을 다한 뒤, 계속운전 심사를 받고 있다. 박근혜 대통령은 월성 1호기의 수명 연장을 두고 논란이 이어지자, 유럽연합(EU)에서 적용했던 '스트레스 테스트'(극한 자연재해에 얼마나 견디는지 등을 검증하는 작업)를 선거 공약으로까지 내걸었고 현재 한국원자력안전기술원(KINS) 등이 중심이 된 전문가 그룹과 환경단체 · 학자 등이 참여하는 민간 검증단이 이를 두 갈래로 진행하고 있다.

대책위 사무실에서 만난 이 지역 주민인 이용국 씨의 생각도 다르지 않았다.

"우리는 폐로를 원합니다. 제가 알기로는 이게 20년도 더 걸리고 비용도 만만치 않다네요. 간접비용까지 4조~5조 원이 든다고 해요. 그래도 해야죠. 폐로하고 한수원에서라도 지역 땅을 싹 사들이라는 겁니다."

폐로 또는 계속운전 여부는 2014년 하반기~2015년 상반기에 결정된다. 그동안 이러지도 저러지도 못하고 살아야 하는 게 지역 주민들의 가장 큰 불만이다.

민심, 표심으로 이어지다

원전을 둘러싼 문제는 2014년 6 · 4 지방선거에서도 주요 쟁점이 되었다. 부산 지역에서는 "고리 1호기 수명 연장 반대" 입장을 밝힌 서병수 씨가 시장으로 당선되었다. 집권당인 새누리당 후보임에도 지역 민심을 반영한 그의 행보는 주목을 받았다.

ⓒ박승화(한겨레21 기자)

2014년 10월 9일 치러진 강원도 삼척 원전 유치 찬반 주민투표 교3동 투표소에 시민들이 줄을 서 있다. 이날 주민들은 투표율 67.9%에 반대 84.9%로 원자력발전소 건설 반대를 결정했다.

"(지자체장이 원전 폐로에 대한) 권한이 있느냐 없느냐를 떠나, 부산 지역 주민의 재산·안전에 대해 지자체장이 관심을 가지고 컨트롤해야 한다고 생각한다. 박근혜 정부가 비상식의 상식화를 말하는데, 수명 다된 거 연장은 비상식적으로 봐야 한다는 것이다. 국민의 안전을 담보 못 하는 상황으로 몰고 갈 수 없다. 반드시 폐로 해야 한다. 지금도 정부 각 부처에 이야기를 하고 있다. 때 되면 (수명 연장을) 하지 못하도록 할 것이다."[67]

67) 서병수 부산시장–김제남 정의당 의원 면담(부산시청 시장 집무실, 2014년 8월 4일).

삼척(대진)원전의 예정지로 지목된 강원도 삼척 지역에서는 아예 신규 원전 유치에 대한 집단적인 반대 행동이 벌어지고 있다. 앞서 김대수 전임 삼척시장이 경제발전 등을 내세우며 2011년 정부가 공모한 새 원전 예정지 유치 신청을 냈다. 지식경제부는 2012년 강원 삼척시 근덕면 일대와 경북 영덕군 영덕읍 일대를 새 원전 예정 구역으로 지정 고시했다. 이들 지역에는 각각 1500MW급 원자로 4기 이상이 들어설 계획이었다.

그러나 민심은 이를 용납하지 않았다. 6 · 4 지방선거에서 원전 반대를 우선 공약으로 내세운 김양호 후보가 62.44%의 지지율로 시장으로 당선되면서 원전 유치 철회 움직임이 거세졌다. 김양호 시장의 또 다른 공약인 주민투표는 삼척시 선거관리위원회가 "원전 유치 신청 철회는 국가사무로 주민투표 대상이 아니다"라는 유권해석을 내놓음에 따라 무산되었다. 하지만 시민사회단체 등 민간기구의 주도로 2014년 10월 9일 찬반 투표가 실시됐고, 삼척시민 84.9%(2만 4531명)가 반대표를 던졌다. 이날 전체 유권자 4만 2488명 가운데 2만 8873명이 투표해 67.9%의 투표율을 기록했다. 생각보다 뜨거운 참여 열기였다.

이 투표는 비록 법적 효력은 없으나 민심을 보여줬다는 점에서 의미가 크다. 삼척 주민들의 움직임은 앞으로 원전 건설에 큰 파장을 불러올 가능성이 있다. 주민의 뜻을 거스른 채, 대도시를 위한 소외 지역의 원전 건설이 더 이상은 어렵다는 뜻이기도 하다.

누구를 위한 마을발전기금인가

한수원은 원전 주변지역 주민들에게 '마을발전기금'을 지원한다. '발전소 주변지역 지원에 관한 법률'에 근거해 원전 반경 5km 안의 주민들이 혜택을 볼 수 있는 교육 · 장학 지원사업, 지역경제 협력사업, 주변환경 개선사업 등을 지원한다. '전전년도 발전량(kWh)×0.25원 이내'로 지급하는 게 일반적이다.

그러나 부작용이 만만치 않다. 오히려 주민들 사이에 갈등의 씨앗이 되는 경우가 있기 때문이다. 찬성하는 측에만 지원되거나 집행이 제대로 되지 않아 다툼으로 번지기도 한다.

한수원이 국회에 제출한 2010~2012년 사이에 집행한 마을발전기금 지급 내역을 보면, 원전 주변지역에 지급했어야 할 지원금 가운데 약 250억 원을 외부 업체에 지급한 것으로 나타났다. 이 자료를 보면 발전소 주변지역의 경제 활성화를 위해 '지역제한입찰' 방식으로 실시된 기금 사업의 계약업체 172곳 가운데 58곳(33.7%)이 주점, 노래방, 낚시점처럼 공사와 관련이 없거나 아예 영업장이 없는 유령업체인 것으로 드러났다. 지역별로는 한빛원전(24곳), 월성원전(20곳), 고리원전(12곳), 울진원전(2곳) 순서로 많았다. 이들 58개 업체 중 57개 업체는 지난 3년 동안 약 250억 원 상당의 계약 847건을 부당하게 수주했다. 지역제한입찰 방식이란 한수원이 주관하는 작은 단위의 공사나 물품 납품을 해당 지역 업체에 맡기는 방식을 말한다.

이 사실을 공개했던 이채익 새누리당 의원실은 "한 계약은 금액이 무려 39억여 원에 달했지만 사무실이 없는 일반 가정집이었다. 소재지는 부동산 사무실에, 전화는 목욕탕으로 연결된 곳도 있었다"고 말했다. 그만큼 엉뚱하게 쓰이는 '마을발전기금'이 많다는 뜻이다.[68]

당연히 지역 주민들의 불만도 크다. 고리원전 주변 주민인 김성규 씨의 이야기를 들어보면 마을발전기금의 실효성에 의문이 들 수밖에 없다.

> "(2007년) 고리원전 1호기 수명연장 하면서 마을발전기금으로 1000억 원이 나왔다. 지역 주민 생명 담보로 받았다고 봐야 한다. 그런데 거의 대부분 정부 사업, (기장)군 사업에 쓰였다. 도의회 청사 부지 30만 평 조성 자금에만 우리 돈 500억 원을 썼다. 도로 확장하는 데 300억 원, 길천지구 철거비용 100억까지 모두 900억을 그렇게 써버렸다."

이런 이유로 다른 방안을 고민하자는 목소리가 높다. 예컨대 원자력발전 수익과 전기요금에 일정 부분 '원전 안전이용 부담금'을 부과해서 원전 사고에 대한 보상금이나 예방·방재대책을 위한 비용은 물론 장기적으로는 탈원전을 위한 신재생에너지 추진 등 에너지 전환기금으로도 활용하자는 것이 그것이다.[69] 원전의 혜택을 보고 있는 대도시 주민들과 기업체 등이 좀 더 부담해서 원전 지역 주민들의 피해를 보상하고 안전을 지키자는 취지인 셈이다.

---

68) 이채익 새누리당 의원 보도자료「원전 주변지역 지원금 250억, 외부 유령업체가 받아가」(2013년 10월 16일)

69) 김해창·김영하·차재권,「고리원전의 탈원전 추진을 위한 원전안전이용부담금 도입에 관한 실증분석」(『지방정부연구』 제18권 제2호, 2014년) pp.337~338.

지속적으로 방사능에 노출될 수밖에 없는 원전 주변지역 주민들에게 가장 큰 불안은 무엇보다도 '건강'이다. 정부에서는 끊임없이 안전하다고 말하지만 주민들은 이를 믿지 못하는 게 현실이다.

2011년 9월, 원전 주변 주민들을 놀라게 한 사건이 있었다. 당시 교육과학기술부가 20년 가까이 원전 주변지역 주민 1만 1000여 명을 대상으로 '암 발병 위험도 역학조사'를 진행했음에도 조사 결과를 은폐하려 했다는 의혹이 제기됐기 때문이다.[70]

교육과학기술부가 서울대학교에 의뢰한 이 조사는 1989년 영광원전 경비원의 부인이 두 차례나 '뇌 없는 태아'를 유산한 사건을 계기로 시작되었는데, 보고서는 1991년 12월부터 20년 동안 부산 고리, 경북 월성 · 울진, 전남 영광 등 4개 원전의 인근(5km 이내) 주민 1만 1367명과 근거리(5~30km) 주민 1만 323명, 그리고 원거리(30km 이상) 주민 1만 4486명을 대상으로 1992년부터 2008년까지 16년 동안 추적 조사를 벌인 결과를 담고 있었다.[71] 한국연구재단이 118억 원을 지원한 장기 조사 프로젝트였다. 보고서에는 "(조사 결과) 원전 인근 지역 '모든 부위 암' 발병 위험도는 근거리와 원거리에 견줘 남 · 여 모두에게서 통계적으로 유의한 차이가 없었다"고 밝히고 있다. 즉, 원전과는 아무런

70) 환경운동연합 · 인도주의실천의사협의회 · 김상희 민주당 의원실 보도자료 「부실한 원전 주변지역 역학조사보고서 암 발생 관계 규명하기 어려워」(2011년 9월 20일)

71) 서울대 의학연구원 원자력영향 · 역학연구소 안윤옥 · 이명철 · 유근영 · 정준기 · 박병주 · 이충민, 「원전 종사자 및 주변지역 주민 역학조사 연구」(교육과학기술부, 2011년)

상관이 없다는 얘기다.

그러나 그해 교육과학기술부 국정감사장에서는 "이 보고서가 2011년 4월 정부에 제출됐지만, 조사 결과를 부실하게 분석해 결과를 은폐하려 했다"는 의혹이 제기됐다. 김상희 민주당 의원은 "지역별 특성을 무시한 채 원전이 있는 지역인 울진과 월성, 영광, 고리를 모두 뭉뚱그려서 분석한 결과만 담고 있다"고 주장했다.

논란이 된 건, 조사 결과를 축약한 보고서의 내용이었다. 결론 부분에서 '모든 암'에 대해 조사했다고 밝힌 것과 달리 실제로는 위암, 간암, 폐암, 유방암, 갑상샘(선)암 등 5개 종류의 암에 대한 조사결과만 실었다. 김 의원은 "백혈병, 대장암, 림프종, 신장암, 뇌종양 등 방사능의 영향을 많이 받는 질병에 대해 조사를 하고서도 결과를 밝히지 않은 것 아니냐"고 문제제기를 했다.

게다가 보고서에 공개된 5개 암의 발병률도 "유의한 차이가 없었다"고 보기 어려운 부분이 있었다. 원전 인근 주민의 발병률이 훨씬 더 높은 암이 남성은 3개 중 2개, 여성은 4개 중 2개나 됐다. 특히 여성의 갑상샘암은 원전 인근 주민이 인구 10만 명당 1년에 61.4명에게 나타났으나, 근거리 주민은 43.6명, 원거리 주민은 26.6명에 그쳤기 때문이다.

논란은 2011년 12월 12일 서울 강남구 삼성동 라마다호텔에서 '원전 주변 주민 역학조사에 대한 주민 설명회'를 가지면서 더욱 커졌다. 이 자리에서 연구 책임자인 안윤옥 서울대 의대 교수는 "원전 주변 5km 안에 사는 여성의 갑상샘암 발병률이 원전이 없는 일반 지역(대조군)에 비해 2.5배 높은 것으로 나타났다"며 "원전에서 5~30km 떨어진 근거리 지역에 사는 여성도 대조군보다 1.8배 높아, 원전에 가까울수록 갑상샘암 발병률이 높은 것으로 확인됐다"고 밝혔다.

그러나 안 교수는 "여성 갑상샘암의 높은 발병률이 원전 때문인지는 확인되지 않았다"면서 "건강조사 사업 때문에 더 많이 발견됐을 수 있다"고 말했다. 검사를 많이 해서 환자 수가 늘었다는 것이다.

이러한 결론을 정면으로 반박하는 주장도 있다. 주영수 한림대 의대 교수는 2011년 5월 11일 서울 서초구 가톨릭대 의과학연구원에서 열린 '대한직업환경의학회 학술대회'에서 "지난해 서울대 의학연구원이 정부 용역으로 진행한 '원전 종사자 및 주변지역 주민 역학조사 연구' 결과를 분석해보니 방사선에 많이 노출된 종사자들의 염색체형 이상이 건강한 일반 성인보다 높게 나타나 암 발생 가능성이 높은 것으로 조사됐다"고 주장했다.

당시 연구단은 2007년부터 2010년까지 고리, 영광, 월성, 울진 등 4개 원전의 방사선 작업 종사자 가운데 누적 방사선 피폭량이 100mSv(밀리시버트) 이상이거나 최근 방사선 피폭량이 높은 201명과 방사선 노출이 없는 20살 이상의 건강한 일반인 59명을 선정해 염색체 검사를 했다.

그 결과 염색체의 일부 위치가 바뀌는 '염색체형 교환' 빈도가 원전 종사자에서는 500개 세포당 0.94로 일반인(0.14)보다 높게 나왔다. 또 특정 번호 염색체가 없어지는 '염색체형 결실' 빈도도 원전 종사자(500개 세포당 2.02)가 일반인(0.41)보다 높았다. 염색체형의 모든 비정상 현상을 합친 '총 염색체형 이상 빈도'에서는 원전 종사자(8.42)가 일반인(4.22)의 두 배였다.

논쟁이 한창인 가운데, 최근 원전과 인근 주민의 암 발병 인과관계를 처음으로 인정한 판결이 나와 주목을 받고 있다. 2014년 10월 17일 부산지법 동부지원 민사2부(재판장 최호식)는 이○○ 씨와 아내 박○○ 씨 등 가족 3명이 한수원을 상대로 낸 손해배상 청구소송에서 "박씨에게 위자료 1500만 원을 지급하라"며 원고 일부 승소 판결을 내렸다. 고리원전에서부터 7.6km가량 떨어진 부산 기장군에서 20년 가까이 살아온 이씨 가족은 "방사선에 장기간 노출돼 가족 3명이 모두 암과 장애에 걸렸다"며 2012년 7월 한수원을 상대로 소송을 낸 바 있다. 현재 이씨는 직장암, 아내인 박씨는 갑상선(샘)암을 앓고 있으며, 이씨 부부의 아들은 발달장애 1급이다.

재판부는 "고리원전에서 나오는 방사선량이 원자력안전법에 규정한 연간 유효선량 한도(0.25~1mSv)에 미치지 못하는 등 이유가 있지만 방사선 연간 유효선량은 국민 건강의 최소한도 기준이다. 국민의 건강은 재산상 이익보다 중요하고 공공의 필요에 의해 희생되면 안 된다"고 설명했다. 그러나 재판부는 한수원이 방사선량을 기준치 이하로 방출하려고 노력한 점을 고려해 박씨가 청구한 위자료 2억 원 가운데 1500만 원만을 인정했다. 또 직장암과 발달장애 1급의 책임이 원전 때문이라는 주장은 인과관계가 인정되지 않는다며 사건을 기각했다.[72]

이 판결은 제한적이나마 우리나라에서 원전과 인근 주민의 암 발병 인과관계를 법원이 처음으로 인정한 사례라는 점에서 앞으로 파장이 예상된다. 이씨와 비슷한 상황인 지역 주민들도 대규모의 손해배상 청

72) 김영동, '법원, 주민 갑상선암 발병은 원전 책임 첫 인정' 〈한겨레〉 2014년 10월 18자 9면.

구소송을 준비하고 있기 때문이다. 한수원이 항소할 의사를 밝혔기 때문에 법원의 최종적인 판단은 좀 더 지켜봐야겠지만, 분명한 건 원자력의 안전 신화는 더 이상 존재하지 않는다는 사실이다. 이제 한수원과 원전 주변 주민들이 진실을 두고 법정에서 다퉈야 하는 상황에까지 이른 것이다.

4부

욕망의 경제학

원자력과 욕망

원자력의 이름은 무엇인가

"내가 그의 이름을 불렀을 때 그는 곧 나에게로 와서 내가 부른 이름대로 모습을 바꾸었다."

오규원 시인의「꽃의 패러디」의 한 구절이다. (시인의 의도와는 전혀 상관없이) 비유하건대, 원자력도 우리가 부르는 이름에 따라 그 모습을 다양하게 바꿔왔다.

1945년 일본 히로시마와 나가사키에 원자폭탄 투하를 명령한 해리 트루먼 미국 대통령에게 원자력은 일본의 항복을 이끌어내고 2차 세계대전을 끝내기 위한 '무기' 또는 '수단'이었을 것이다. 하지만 일본 국민들에게 원자력은 지금도 '절망'의 동의어일지 모른다. 북한에서는 원자력이 '벼랑 끝 전술'의 한 축이다. 우리나라의 평범한 시민들에게 원자력은 석탄, LNG처럼 전력을 생산하는 원료, 즉 에너지다. 어떤 에너지냐고 묻는다면 아마도 "원자력은 싸고 깨끗한 에너지"라는 정부와 발전회사의 오래된 주장과, 일본 후쿠시마 원전 사고에서 느낀 '공포' 사이에서 답을 찾을 것이다.

원자력이 하나의 산업이자, 매력적인 시장이라고 부르는 이들도 있다. 정부와 대기업에게는 침체된 산업의 활로를 열어주는 '신성장 동력'이다. 원자력을 전공하는 학자들과 전문가들에게 원자력은 연구의 '목적'이자, 일을 주는 '직장'이다. 관련 납품 업체나 외주 업체들에게도 원자력은 기업을 유지시키는 고마운 존재일 것이다.

원자력 시장의 규모는 어마어마하다. 그만큼 많은 돈이 오간다는 얘기다. 일본 후쿠시마 원전 사고 이전까지만 해도 세계 원자력 시장 규모는 2030년까지 1200조 원 규모에 이를 것이라는 장밋빛 전망이 대부분이었다. 세계에너지협의회(WEC)가 2012년 집계한 결과를 보면, 원전은 전 세계 전력 생산량의 약 15%를 담당하고 있다. 가동 중인 원전만 해도 전 세계에 437기, 건설 중인 원전은 72기이다.[73]

후쿠시마 원전 사고 이후 둔화되고 있긴 하지만 여전히 원자력은 '매력적인 시장'이다. 화석연료 가격의 상승과 중국, 인도 등 신흥 개발국들의 전력 수요가 꾸준히 증가하고 있기 때문이다.

우리나라는 대표적인 원전 국가이다. 과거 이명박 정부는 저탄소 녹색성장이라는 이름 아래 '원전 르네상스'를 밀어붙였고 온갖 특혜

73) 국제원자력기구 원자로정보시스템(IAEA PRIS, http://www.iaea.org/PRIS) 2014년 11월 2일 기준.

의혹에도 UAE 원전 수출 사업을 추진했다. 세계에너지협의회(WEC)는 우리나라를 포함해 미국, 프랑스, 러시아, 중국, 이 다섯 나라를 전 세계 원전 생산 전력의 67%를 차지하는 '빅 파이브'(big five)라고 부를 정도다.[74]

그러나 역설적으로 정부가 원전사업을 적극 추진할수록 잦은 고장과 비리가 세상에 드러났다. 원자력 확대 정책이 세계적인 흐름에 역행한 것은 아니냐는 반성도 나오고 있다. 이명박 정부가 롤모델로 삼았던 이른바 '세계 일류국가'들에서는 지금 탈핵의 바람이 불고 있다. 독일은 2011년 사회적 합의를 통해 이미 탈핵을 선언했고, 일본은 후쿠시마 원전 사고 이후 원전을 폐로하자는 여론이 커졌다. 우리가 선진국의 전철을 밟고 있는 것 아니냐는 의문이 제기되는 이유다.

원자력의 경제성에 핵연료 폐기물 처리 비용, 폐로 비용 등 '드러나지 않는 비용'이 적절히 반영돼 있지 않다는 문제도 있다. 원전의 전기를 실어 나를 대규모 송전선 · 송전탑이 번번이 지역주민들의 반대에 부딪히며 막대한 사회적 갈등비용이 발생하고 있다는 사실도 원전의 효율성에 대한 의문을 던지게 한다.

원자력은 인간의 '욕망'을 자양분 삼아 지금까지 성장해왔다. 이제 원자력이 과연 인간에게 축복인지 반대로 우리 삶을 송두리째 뒤흔들 재앙의 씨앗인지 따져봐야 할 순간에 처해 있다.

74) 세계에너지협의회(World Energy Council), 「World Energy Resources: 2013 Survey」 p.4.6.

원자력에 투영된 욕망

원자력은 '무한한 에너지'를 향한 인류의 갈망을 먹고 자란 존재다. 지금도 인간은 '무한동력 영구기관'을 꿈꾼다. 그러나 무한 동력기관은 물리학적으로 불가능하다는 결론은 이미 오래전에 나왔다. 물론 결코 포기하지 않는 사람들이 있다. 2014년 8월에는 국내의 한 발명가가 무한동력 영구기관을 만들었다며 시연을 하기까지 했지만 결국 해프닝으로 끝났다.[75] 영화 〈설국열차〉(봉준호, 2013년)에 나오는 눈길을 영원히 달리는 기차나, 웹툰 〈무한동력〉(주호민, 2012년) 속 하숙집 주인 아저씨가 만들던 거대한 기계 같은 건 상상 속에서나 가능한 일인 것이다.

원자력은 무한동력에 버금가는 존재였다. 인류는 원자력이 언젠가 고갈될지 모르는 화석에너지를 대신해 영원한 풍요로움을 가져올 것이라고 기대했다. 영국의 수상 윈스턴 처칠은 원자력을 "세계 번영의 마르지 않는 샘"이라고 극찬했다. 국제원자력기구(IAEA) 설립 멤버인 미국 원자력위원회(AEC) 의장 루이스 스트라우스는 1954년 9월 "원자력이 너무 싸서 가격을 매길 수 없을 정도가 될 것"이라고 말하기도 했다. 심지어 태평양 전쟁 당시 끔찍한 피폭의 기억을 가진 일본에서도 1955년 신문에 다음과 같은 글이 실렸다.

75) 오제일, '이 사람: 이것이 바로 무한동력 영구기관, 실체 공개…발명가 김광호 씨' 〈뉴시스〉 2014년 8월 12일자.

"산타마(三多摩) 산중에 새로운 불이 타고 있다. 공장과 가정으로 많은 전기를 보낸다. 그런데 이러한 원자력을 잠재 전력으로 생각하면 그야말로 엄청난 것이다. 게다가 석탄 등의 자원이 지구 상에서 차차 없어진다는 것을 생각하면 이러한 에너지가 갖는 위력은 인류 생존에 불가결한 것이라고 해도 좋을 것 같다. (중략) 원자력발전에는 화력발전처럼 큰 공장이 필요 없다. 큰 연돌이나 저탄장도 필요 없다. 매일 석탄을 운반하고 재를 버리기 위한 철도나 트럭도 필요 없다.[76]

원자폭탄이 두 도시에 떨어진 지 10년 만에 원자력을 찬양하는 글이 언론에 실린 것이다. 1952년부터 연재된 데즈카 오사무의 〈우주소년 아톰〉의 인기만 봐도 원자력이 일본에 어떠한 환상을 줬는지 엿볼 수 있다. 가슴에 소형 원자로를 탑재해 생명을 이어가는 이 로봇은 이름부터 원자를 뜻하는 영어 단어 'Atom'이다. 비록 데즈카 오사무 자신은 반핵주의라고 밝혔지만 원자폭탄의 끔찍함을 체험한 일본이 10년 만에 원자력을 '에너지'로 주목하기 시작한 것이다.

'무한에너지'로서 원자력에 대한 환상이 본격적으로 시작된 것은 미국의 '평화를 위한 원자력' 선언이 있은 후이다. 1953년 12월 8일 미국의 아이젠하워 대통령이 국제연합(UN) 총회에 참석해 "원자력의 평화이용을 촉구하기 위해 국제연합 원자력기구를 설치하겠다"고 밝힌다. 1955년에는 스위스 제네바에서 원자력의 평화적 이용을 위한 첫 국제

76) 〈도쿄신문〉(東京新聞) 1955년 12월 31일자–정욱식, '정욱식의 핵과 인간' : 고삐 풀린 원자력 신화, 그 오만의 대가는… 〈프레시안〉 2012년 3월 1일.

회의가 열리고 우리나라에서도 박철재 서울대 교수(나중에 원자력연구소장 등 역임) 등 3명의 과학자가 참여한다. 공포의 대상이던 원자력이 전기를 생산하는 자원이 된 것이다.

모두가 알다시피 원자력의 태생은 무기였다. 2차대전 당시 미국은 원자탄 개발에 심혈을 기울였다. 1942년 미 육군이 중심이 돼 추진한 '맨해튼 프로젝트'의 결과는 1945년 8월 일본 히로시마 · 나가사키에 떨어져 수십만 명의 생명을 앗아간 '폭탄'이었다.

전쟁 후에도 원자력은 잠수함의 동력으로 '화려한 변신'을 했다. 미국 해군의 하이먼 리코버 대령은 미국원자력위원회(AEC)와 함께 핵잠수함 '노틸러스'를 개발했다. 쥘 베른의 소설 『해저 2만 리』(1869년)에서 네모 선장이 타고 다니던 상상 속 잠수함이 현실화된 것이다. 제2차 세계대전까지 잠수함은 대부분 디젤엔진을 사용했다. 연소하는 데 필요한 산소가 없으니 축전지를 사용해 겨우 20~40시간밖에 항속을 할 수 없었다. 그런 점에서 노틸러스는 꿈의 잠수함이었다. 1954년 1월 진수된 노틸러스는 잠수 시간, 항행 속도, 항행 거리 등에서 그동안 다른 잠수함들이 세운 기록을 모두 갈아치웠다. 1958년에는 북극을 횡단하기도 했다.

눈여겨볼 부분은 노틸러스에 사용된 원자로다. 웨스팅하우스가 만든 이 가압경수로는 이후 세계 원전의 표준이 되었다. 우리나라도 고리원전 1호기를 시작으로 대부분의 원전에 웨스팅하우스가 만든 가압경수로를 채택했다. 군사적 목적으로 개발된 원자로가 이후 전 세계 원자력발전의 표준이 된 것이다.

무기에서 에너지로

원자력은 어떻게 무기에서 에너지로 탈바꿈하게 된 걸까? 아이젠하워 대통령의 연설에서 그 시대적 단서를 찾을 수 있다.

> "오늘날 원자력의 현실은 두 가지의 더 큰 의의를 내포하고 있다. 첫째로, 원자력에 대한 지식은 지금 서로 다른 네 국가가 함께 점유하고 있으며 궁극적으로 다른 국가들과도 함께 공유하게 될 것이다. 두 번째로, 막대한 양의 무기를 바탕으로 한 우월함과 그 결과로 따르게 되는 강력한 보복성 무장은 절대 미리 막을 수 없을 뿐만 아니라, 갑작스런 공격성 표출의 결과로 나타날 물질적 피해와 인류 생존이라는 경계선에 대한 위협 또한 나타날 것이다."(1953년 12월 8일, UN총회 연설 요약)

1950년대는 미국과 소련의 냉전이 시작되던 시기였다. 원자탄 개발과 더불어 원자력을 에너지로 활용하려는 소련의 움직임은 미국을 초조하게 했다. 원자력으로 전력을 생산하는 데 공을 들인 소련은 1954년 미국보다 앞서 흑연감속로를 이용해 원전에서 세계 최초로 전력을 생산했다. 소련이 이 기술을 다른 국가에 전수한다면? '자유진영'과 '공산진영' 사이의 균형이 무너질 수 있다는 위기감이 고조됐다.

> "에너지 부족에 시달리는 지역에 풍부한 전기 에너지를 공급하는 것 또한 이 기구의 아주 특별한 목적이라 할 수 있다. 원자력의 평화적 이

용을 기대하는 그 어떤 곳에라도 '주요 관련국'들과 미국은 자랑스럽게 이 개발 계획을 계속해나갈 더욱 강한 의지가 있다."

그러면서 미국이 가진 원자력 기술로 후진국들의 전력 생산을 돕겠다고 강조했다. 소련에 앞서 원자로 시장을 선점하고 개발도상국으로 원자력 기술을 전수하면서, 핵무기 개발 위험을 적절하게 관리하겠다는 것이다. 미국 원자력산업에 수억 달러의 원전시장을 만들어주는 한편, '핵무기 확산 억제'라는 두 마리 토끼를 잡겠다는 생각인 것이다.

카터 정부 아래에서 미국 에너지부 장관(1977~1979년)을 지낸 제임스 슐레진저는 아이젠하워의 연설에 대해 이렇게 회상했다고 한다.

"오늘날 누군가는 당시 사람들이 열광적으로 환영했고 너무나 광범위하게 신뢰했던 아이젠하워의 그 연설이 불러왔던 그 강력한 임팩트를, 그 극적이었던 상황을 겨우 기억해낼 수 있겠지만, 사실 우리가 진짜 목격한 것은 원자력에 대한 또 다른 마셜플랜인 셈이었다."[77]

'평화를 위한 원자력'이라는 제목의 이 연설은 제너럴일레트릭(GE)과 웨스팅하우스 등 미국의 원전 관련 기업의 이해관계가 강하게 반영됐다는 분석도 있다. 1953년 당시 미국의 방위산업 기업들은 소형 연구용 원자로에서부터 대규모 원자력발전소에 이르는 다양한 민간 원

77) Jessica C. Varnum MIIS 부교수, 「진단: 지난 60년간의 평화를 위한 원자력」(〈원자력산업〉 2014년 3·4월호)

자력 기술을 개발하고 판매하기 위해 힘쓰고 있었다.

아이젠하워의 '선언'과 국제원자력기구 창립이 경쟁적인 핵확산을 그나마 늦췄다는 주장도 있다. 하지만 '선언'을 통해 원자력 기술이 인도, 브라질, 이스라엘, 아르헨티나로 이전되면서 핵 군비 확대에 일조했다는 것이 대체적인 분석이다.

어쨌든 미국 정부의 이러한 노력으로 1957년 12월 최초의 상업용 원전인 시핑포트(Shippingport)가 6만kW의 출력으로 운전을 시작한다. 현재 150만kW에 육박하는 원전 규모를 생각한다면 미미한 수준이다. 더구나 당시 원전은 화력발전소 전력 생산 단가의 10배 가까이 되는 비용이 들었다. 군사용 원자로를 성급하게 상용화하는 과정에서 상대적으로 열등한 기술(가압 경수로)을 채택했다는 비판이 나오기도 했다. 하지만 시핑포트의 등장은 영국, 프랑스 등 원자력 선진국들로 하여금 경쟁적으로 원전을 짓게 하는 '불쏘시개' 역할을 톡톡히 했다.

기후변화와 원자력의 귀환

1960년대에 들어서면서 상업 원전의 전성시대가 열렸다. 미국과 프랑스 등의 원전 대기업들은 원전 확대, 수출 정책에 힘입어 세계 원전시장을 주도하며 무섭게 성장했다. 1970년을 넘어서며 15개 나라에서 90기에 육박하는 원전이 가동되기 시작했다. 1973년 '오일쇼크'로 기름값이 폭등하자 원자력에 대한 관심은 더욱 커진다. 신규 원전이 계속 지어지면서 1980년대 들어 원전을 가동하는 나라는 20개를 넘었고, 원전도 200기를 넘어섰다.

이렇듯 거침없는 원전시장의 질주를 멈춘 것은 바로 '사고'였다. 앞에서도 언급한 스리마일과 체르노빌의 원전 사고는 전 세계적인 탈핵 바람을 불러일으켰다. 미국 원전산업은 극심한 타격을 입었으며 유럽에서는 녹색당이 등장했다. 오스트리아와 스웨덴은 국민투표를 거쳐 '탈핵'을 선언했고, 많은 나라들이 원전 확대 정책을 철회했다. 원자력이 싸고 저렴한 에너지라는 신화가 붕괴되는 듯했다.

사그라질 것만 같았던 원자력의 불꽃은 2000년대 초반 다시 타올랐다. 원전이 화석연료의 사용으로 인한 '지구 온난화'의 대안으로 급부상했기 때문이다. "더 안전하고 믿을 수 있는 원전을 지을 수 있다." "기하급수적으로 증가하는 에너지 수요를 만족시키기에 원자력만 한 게 없다"는 주장에 힘이 실렸다. 이해관계를 같이하는 정부와 대기업들은 꾸준히 원전에 '심폐소생술'을 가했다. 우리나라에서 '원전 르네상스'라는 말이 신문과 방송에 오르내리기 시작한 것도 이때쯤이었다.

2008년에 취임한 성공한 기업가 출신 이명박 대통령은 녹색성장과 원자력이라는, 전혀 어울릴 것 같지 않은 두 단어를 절묘하게 결합한다. 이른바 'MB식 원전 르네상스'의 시작이었다.

이명박 정부의 원전 르네상스

저탄소 녹색성장과 원전

"녹색성장은 온실가스와 환경오염을 줄이는 지속 가능한 성장입니다. 녹색기술과 청정에너지로 신성장동력과 일자리를 창출하는 신국가 발전 패러다임입니다. 녹색기술은 정보통신기술, 생명공학기술, 나노기술, 문화산업 기술을 아우르면서도 이를 뛰어넘습니다. 녹색기술은 좋은 일자리를 많이 만들어 '일자리 없는 성장'의 문제를 치유할 것입니다. 재생에너지 산업은 기존 산업에 비해 몇 배나 더 많은 일자리를 창출할 것입니다."[78]

78) 이명박 대통령의 2008년 8월 15일 경축사 중에서.

이명박 대통령은 이날 공약으로 내걸었던 747패러다임(7% 성장, 4만 달러 소득, 세계 7위 경제) 이어 국가 비전으로 '저탄소 녹색성장'을 제시했다. 석유, 가스 등의 화석연료를 통해 생산한 전력에 의존도가 높은 제조업 중심의 한국 산업 구조상, '저탄소 녹색성장'은 적절한 비전으로 평가받았다. '지속 가능한 사회'에 대한 로드맵을 본격적으로 그려야 하는 시기이기도 했다. 당시 한국은 기후협약상 신흥국이라 탄소 배출량을 의무적으로 감축할 필요가 없었음에도 이명박 정부는 2020년까지 예상량의 30%를 감축한다는 적극적인 목표를 세웠다. 한국도 탄소 배출량을 줄이라는 국제사회의 압박이 가해지는 건 시간문제라고 밝혔다.

그런데 이틀 뒤 2008년 8월 17일 청와대 브리핑에서 원전을 추가한다는 내용이 나왔다. 그 자리에 있던 한 기자가 물었다.

"원전 10기의 추가 배치 계획이 있던데 녹색성장과 배치되는 것이 아닌가?"

당시 이동관 대변인은 8 · 15 경축사에서는 찾을 수 없던 '원자력'이란 말을 입에 올렸다. 그는 다음과 같이 대답했다.

"녹색성장 저탄소 사회는 큰 틀에서 보면 여러 가닥이 있다. 그 가운데 하나가 신성장 동력 창출이고 원전산업도 매우 유효한 대안이다. 자원빈국 입장에서 원전을 통해 대체에너지를 충당해나가야 한다는 것을 피할 수 없다. 큰 틀에서 보면 녹색성장이 단순히 탄소배출을 줄이는 차원뿐만 아니라 앞으로 변화하는 환경 속에서 어떻게 새로운 성장 동력을 만들어낼지 봐야 하는 것이다. 배치되지 않는다고 생각한다."

당시는 5월부터 시작한 미국산 쇠고기 반대 촛불집회의 열기가 서서히 식어가고, 시민들이 베이징 올림픽에 눈을 돌리던 시기였다. 언론에서도 이동관 대변인의 '원전 발언'에 크게 주목하지 않았다. 다음날 방송뉴스, 조간신문에는 전날 청와대 브리핑에서 나왔던 '부동산 활성화 대책'이 제목으로 뽑혔다. 〈한겨레〉의 2008년 8월 18일자 1면도 '촛불진압 마구잡이 공권력', '배드민턴 혼합복식 금 스매싱', '추석 앞 부동산 부양책 쏟아진다' 등의 제목이 달린 기사로 채워졌다.

물론 환경단체나 에너지 관련 NGO는 이명박 정부가 내세운 녹색성장의 핵심이 무엇인지 알고 있었다. 원전을 앞세울 것이라는 우려가 나왔고, 우려가 현실로 바뀌는 데는 그리 긴 시간이 걸리지 않았다.

2008년 8월 27일 정부가 내놓은 '1차 국가 에너지 기본계획'은 원전의 비중을 2007년 기준 26%에서 2030년까지 설비 용량 기준 41%까지 달성한다고 밝혔다. 원전 10기를 추가로 건설해 원전 발전 비중을 2007년 36%에서 59%로 확대하는 야심 찬 목표가 공개된 것이다. 이 계획안에는 화석에너지 비중을 83%에서 61%로 줄이고, 신재생에너지 비중도 2.4%에서 11%로 확대한다는 내용도 있었지만, 핵심은 '원전 확대'였다. 보름 전 화두로 던진 '녹색성장'은 결국 원전 확대라는 본심을 드러내기 위한 전주곡이었던 셈이다.

이날 공개된 국가 에너지 기본계획을 두고 "과도한 에너지 수요 예측에서 나온 계획"이라는 비판도 일었다. 정부는 2030년 1인당 에너지 소비량이 6.18TOE[79]로 2006년에 견줘 30%가량 늘어날 것으로 내다

79) TOE(ton of oil equivalent)는 다양한 에너지원을 일률적으로 비교하기 위한 가상 단위로, 각 에너지원을 석유 발열량으로 환산한 수치를 말한다. 1TOE=1000만kcal.

봤기 때문이다. 선진국들이 에너지 소비량이 줄어들 것으로 전망하는 것과 대조적이었다.

당시 정부는 2020년까지 탄소를 30% 줄이려면 원자력이 대안이라고 강하게 주장했다. 그 근거로 "신재생에너지는 불확실성이 크고, 우리 환경에도 맞지 않다"는 점을 내세웠다. 이에 원자력산업계 관계자들은 "원자력 없는 저탄소 녹색성장 달성 힘들다"는 내용의 글을 발표하면서 정부의 정책을 뒷받침했다.[80]

당시 정부가 야심 차게 내놓은 1차 국가 에너지 기본계획의 주요 내용은 다음과 같다.[81]

> ○ 신고유가시대와 온실가스 감축 환경에 대응하고, 안정적인 전원 공급 기반 확보를 위해서는 원자력발전이 가장 경제적이고 현실적 대안.
> – 장기적으로 전원구성에 있어 원전의 역할을 확대할 필요.
>
> ○ 온실가스 감축을 위한 교토의정서가 발효되고, 발리 로드맵(Bali Road-map) 채택(2007.12)으로 2013년 이후 온실가스감축 의무부담 본격 논의 예정.
> – 한국은 1990~2003년 기간 중 온실가스 배출량 증가율이 OECD 국가 중 1위로 감축 의무 국가로 분류될 경우, 발전용 화석연료 사용 제약, 탄소배출권 구입 부담 증대 등의 우려 제기.
>
> ○ 화석에너지는 CO_2 배출 외에 부존자원의 지역적 편재, 에너지 확보 경쟁 등으로 가격 급등, 수급 불안 요인이 큰 반면,
> – 원전의 연료인 우라늄은 전 세계에 고르게 매장되어 있고, 연료 소요가 소량으로 수송 및 비축이 용이하며, 비상시 가격 급등, 수급 불안 요인이 적어 에너지 안보 측면에서도 유리.

---

80) 조병옥, 〈과학과 기술〉 2010년 2월호, 녹색성장과 원자력.

81) 국무총리실 · 기획재정부 · 교육과학기술부 · 외교통상부 · 지식경제부 · 환경부 · 국토해양부, 「제1차 국가 에너지 기본계획-2008~2030: 원전의 공급 능력 및 국민 이해기반 확충」(2008년 8월 27일) pp.104~107.

ㅇ 현재 발전소 건설비, 운전 유지비, 연료비, 사후 처리비, 발전 설비 특성 및 부하 특성 등을 적용 시, 원자력발전 원가가 가장 저렴하며,

– 특히, 미래 석탄 및 LNG 연료 가격과 탄소배출권 가격을 합리적 수준으로 반영할 경우 원자력의 경쟁력은 크게 증대될 전망.

(중략)

목표 수치의 의미

ㅇ 공급 안정성, CO_2 감축 문제 대응, 경제성 등을 고려하고, 기저전원으로서의 운영 특성과 건설 여건 등을 고려할 경우 점진적 확대 필요.

ㅇ 현재 원전의 비중은 설비 기준 26% 수준으로 기저전원으로서 원전의 경제적 운영을 위해 설비 용량을 전체 전력 소비의 최소 부하 기준인 55%까지 확대할 필요.

ㅇ 그러나, 부지 확보 등 원전 건설 여건과 기술 · 경제적 불확실성을 고려하여 연간 최소 부하 수준인 41% 수준을 우선 목표로 설정.

원자력의 콩고물

그러나 오늘날 당시 추진됐던 핵심 프로젝트들은 모두 사회적 논란에 빠져 있다. 환경오염 문제가 끊이지 않는 4대강 사업, 지금도 여러 특혜 의혹이 제기되는 자원외교, 그리고 현재 가장 큰 위험으로 떠오른 원전 확대 정책이 그렇다. 이명박 정부가 추진한 녹색성장의 실체가 고스란히 드러난 것이다. 어쩌다 이렇게 됐을까? 당시의 논리를 다시 한 번 되짚어보자.

지구온난화 등 기후변화 문제가 심각하다.

↓

국제사회로부터 탄소배출을 줄이라는 압박도 심하다. 성장 동력도 필요하다.

↓

탄소 배출을 줄이려면 화석연료 사용을 줄여야 한다.

↓

제조업, 대기업 중심의 한국경제에서 화석연료 사용을 줄이는 것은 쉽지 않다.

↓

결론: 원전을 확대해 부족한 에너지 양을 채우고 (대기업들에게) 전기요금을 낮춘다. 해외 자원 개발을 통해 에너지 자주개발률(국내 업체에 의한 해외의 석유와 가스 생산량을 국내 소비량으로 나눈 값으로 흔히 한 나라의 에너지 자립도를 측정하는 지표)을 높인다.

논리의 흐름은 그럴 듯하다. 하지만 두 가지 문제점이 있다. 첫째로, 결론을 너무 쉽게 내렸다. 지속 가능한 성장을 위해서는 경제와 산업구조의 체질 개선이 먼저 이뤄져야 한다. 에너지 소비를 줄여 효율성을 높여야 하는 것이다. 그럼에도 결론은 반대로 에너지 사용을 권장하고 있다. 선진국들에서는 에너지 수요를 줄이고 저비용 · 고효율 산업구조를 만들어가는데, 이런 흐름과 동떨어진 해답을 제시한 것이다.

2008년 8월 29일 에너지노동사회네트워크가 '에너지위기의 시대 에너지 전환을 고민한다'라는 주제로 연 토론회에서 참석자들은 다음과 같이 지적한다.

"경제가 발전함에 따라 에너지 소비가 계속 늘어난다고 보는 것은 과거의 패러다임이다. 경제성장이 에너지 수요를 줄일 수 있다. 현재 에너지 고효율 국가들은 1차 · 2차 오일쇼크를 겪으면서 석유에 대한 의존도를 대폭 줄이는 것과 함께 총에너지 수요를 줄이기 위해 노력해왔다. 한국은 2005년 기준 1인당 GDP가 13,211달러로 세계 23위였지만 1인당 에너지 소비는 세계 14위로, 1인당 GDP가 23,791달러인 독일, 39,090달러인 일본보다 많이 쓰고 있다. 우리나라는 세계 4위의 에너지 수입국으로서 에너지 수입의존도가 높은 미국, 일본, 독일, 이탈리아 등과 달리 에너지원 단위가 매우 높다. 같은 부가가치를 생산하는 데 에너지를 많이 쓰고 있는 것이다. 그만큼 효율이 낮은 사회구조, 산업구조를 가지고 있다는 의미이다."[82]

두 번째 문제점은 정책의 수혜자가 국민이 아니라는 점이다. 이명박 정부는 4대강 사업을 벌여 2008년 금융위기로 침체의 늪에서 헤어나지 못하던 대형 건설사들에게 '물길'을 터줬다. 원자력 확대 정책도 마찬가지였다. 원전 1기를 건설하는 데 드는 비용은 대략 2조 5000억~3조 원이다. 당시 원전 건설과 설비 제작의 실적이 있는 업체는 현대건설, 대우건설, 두산중공업, 삼성물산, 대림산업 등 5개사 정도였다. 이들에게 높은 수익을 보장하는 원전 건설은 '구원투수'였다.

한 건설업체 관계자는 "지난해(2007년) 새로 발주된 신고리원전 3·4호기는 설계와 핵심 설비 관련 비용을 뺀 순수 시공 관련 입찰 금액만 8000억 원에 이른 최대 규모의 관급 공사였다. 단일 공사에서 영업 이익률이 15~20%에 이르는 최고의 고부가가치 사업이다"라고 말했다.[83]

82) 양이원영 환경운동연합 에너지기후팀 처장, 「국가 에너지 기본계획의 문제점 및 이명박 정부 에너지정책 비판」, 한국사회포럼 2008년 기획워크숍 2: 에너지 위기의 시대, 에너지 전환을 고민한다(에너지노동사회네트워크, 2008년 8월 29일).

83) 임주환, '지구온난화 기획연재: 녹색성장 핵심은 원자력?' 〈한겨레21〉 2008년 8월 29일 제725호.

해외 자원개발도 마찬가지였다. 광물자원공사, 한국가스공사 등 에너지 공기업을 필두로, SK, GS 등 대기업들이 너도나도 뛰어들었다. 대기업들은 특히 투자가 성공했을 때만 정부에게 돈을 갚는 '성공불융자'라는 정부금융을 통해 돈을 빌려 해외로 나갔다. 2013년 국정감사에서는 2001년 이후 정부가 집행한 성공불융자 금액 1조 8000억 원 가운데 절반이 넘는 1조 300억 원이 공기업을 제외한 33개 민간기업에 집중됐다는 사실이 드러난 바 있다.[84]

그렇다면 6년이 지난 지금 해외 자원개발은 성공했을까? 박근혜 정부는 '실패'했다는 결론을 내렸다. 현재 에너지 공기업들은 기존에 투자했던 광산과 광구, 유전, 가스전의 매각을 검토 중이다. 정부 차원의 해외 자원개발 구조조정이 진행 중인 셈이다. 2014년 10월 현재 에너지 공기업들이 매각을 추진 중인 해외 자원사업의 총 투자 금액은 7조 1130억 원에 이르는 것으로 집계됐다. 그러나 매각이 모두 이뤄질 경우 손에 떨어지는 돈은 1조 4000억 원 수준으로 추정된다고 한다.[85]

이미 2000년대 초반 미국, 일본, 중국 등이 막대한 자금을 쏟아부어 우량 광구, 유전을 선점한 상황에서 이명박 정부의 '밀어붙이기'식 해외 자원개발은 애초에 실패가 예상된다는 평가가 많았다. 해외 자원 확보에 성공했다고 대대적으로 선전했지만, 실상 현지에서는 계약이 체결되지 않고 자원 확보도 불투명한 경우가 부지기수였다. 자원 부존량이 적어 경제성이 떨어지는 사업도 많았다.

84) 전순옥 민주당 의원실 산업통상자원부 국회 국정감사 제출 자료(2013년 10월 14일)
85) 이동우, '쪼개고 팔고…자원 공기업은 자산매각 中'〈머니투데이〉 2014년 10월 6일자 6면.

2013년 2월 광물자원공사와 포스코가 리튬 확보를 위해 노력 중인 볼리비아 현지에 취재를 다녀온 적이 있다. 당시 현지 관계자는 "이미 선진국들이 휩쓸고 간 뒤에 경제성 있는 자원을 찾는 게 쉽지 않다. 국내의 장밋빛 기대와 달리 현지에서 예상치 못한 문제도 많이 벌어진다"고 털어놨다. 현지 정부와의 커뮤니케이션, 주민들과의 크고 작은 갈등 등이 문제였다.

결국 해외 자원개발의 콩고물은 엉뚱한 곳으로 떨어졌다. 카메룬 다이아몬드 광산의 추정 매장량을 과장해 주가를 인위적으로 띄운 혐의로 대표가 구속 기소된 CNK 사건, 미얀마 자원 개발사업 추진 과정에서 정권 실세 개입설 등의 의혹이 제기됐던 자원 개발업체 KMDC 논란 등 녹색성장의 목적과는 거리가 먼 사람들이 중간에서 잇속을 챙긴 모습이다.

원전 역시 마찬가지였다. 국내 원전 관련 매출은 후쿠시마 원전 사고에도 2008년 14조 5936억 원에서 2012년 21조 3909억 원으로 증가세를 보였다. 한전과 한수원 등 원자력발전 사업자들의 매출도 2008년 10조 8293억 원에서 2012년 16조 1407억 원으로 늘었다. 물론 원전사업은 최근 10년간 꾸준히 증가세를 보이고 있다. 이명박 정부의 '원전 르네상스'가 결국 이들에게 날개를 달아준 셈이다.[86]

현대건설을 필두로 두산중공업, 삼성물산, 포스코의 자회사 포뉴텍 등 대기업들은 원전 신규 건설과 UAE 원전 수출 등으로 '먹을거리'를 꾸준히 공급받았다. 1부에서 언급한 것처럼 한수원 관계자들은 협력

86) 한국원자력산업회의, 「제18회 원자력산업실태조사보고서」(미래창조과학부, 2014년)

업체들로부터 금품과 향응을 받았다. 원전 의존도를 높인 가운데 잦은 원전 고장은 수시로 전력난을 불러왔고, 국민들은 원전에 대한 신뢰를 잃었다.

박근혜 정부는 해외 자원개발과 마찬가지로 원전 정책에서도 '속도 조절'에 들어가고 있다. 2014년 1월 확정한 '제2차 국가 에너지 기본계획'에서는 2035년까지 원전 설비 비중을 현재 26%에서 29%로 3%포인트 늘리는 것으로 목표를 잡았다. 이명박 정부의 목표치(41%)보다 대폭 하향 조정한 수치이지만 현재보다 원전을 확대한다는 정책 방향에는 이미 못을 박은 상태다. 후쿠시마 사고와 원전 비리 등에서 얻은 교훈이 박근혜 정부의 원전 확대의 욕망까지는 막지 못한 셈이다. 게다가 자원개발과 달리 박근혜 정부는 전임 정부의 원전 수출도 이어가고 있다.

UAE 원전 수출의 스포트라이트

신문은 기사 제목에 공을 들인다. 독자들이 신문을 펼치거나 인터넷 뉴스를 클릭할 때, 처음으로 접하는 게 바로 제목이기 때문이다. 선정적이고 자극적인 '낚시성' 제목이라며 비판을 받지만, 여전히 편집자들은 제목을 정하는 데 고심을 한다. 기사의 제목은 곧 그 신문사의 얼굴이기 때문이다.

그런데 2009년 12월 28일자 조간신문들의 '얼굴'에는 홍조가 가득한 것 같았다. 우선 몇몇 신문들의 기사 제목들을 살펴보자.

〈조선일보〉

1면: 400억 달러 '한국 원전' UAE 수출

3면: "工期 6개월 줄이고 사업비 10% 깎아라" 입찰 진두 지휘

한전 "기적을 이뤄냈다"

4면: 韓 "신뢰 맺으면 오래간다"… UAE "양국 새 관계 시작되는 날"

李대통령, 국내서 가동 중인 20基 중 12基 건설 참여

韓 · UAE, 동맹 버금가는 군사협력관계 맺었다

5면: 30년 원자력발전소 무사고 운영… 20% 낮은 건설 단가

"李 대통령 집념이 해냈다" "UAE가 한국 택해 경악" "原電시장 한국입지 확대"

사설: 우리 기술과 정상 외교 기량이 만나 일군 47조 원전 수출

〈중앙일보〉

1면: 400억 달러… 한국, UAE에 원전 판다

3면: MB, 왕세자 6차례 통화… 프랑스로 기울던 판세 뒤집었다

MB "입술 터진 보람이 있네"

4면: 원전 '수출 자격증' 땄다… 50년 원전사 새로 써

사설: 사상 첫 원전 수출… 국가적 경사다

〈동아일보〉

1면: 47조 원 UAE 원전 따냈다

3면: 원전기술 전해준 美-佛 제쳐… 요르단 등 '제2 판로' 교두보

李대통령 '스킨십 결정타'

4면: 운영 능력 최고–건설 비용 최저–한국 원전 국제무대 통했다

'하청업자 설움' 30년 만에 씻은 MB

"만세! 해냈다" 수주戰 사령부 '워룸' 환호성

원전 수주에 金국방 긴급출동 왜?

5면: 20년간 400여 기 1200조 원 시장… '원전 르네상스' 열린다

사설: UAE로부터의 낭보

진보언론이라 불리는 〈한겨레〉, 〈경향신문〉은 기사 수가 적고 좀 더 차분한 표현을 썼을 뿐, 〈조선일보〉, 〈중앙일보〉, 〈동아일보〉 등 보수 언론과 논조는 크게 다르지 않았다. 다만 〈한겨레〉에서 원전 안전성과 수출의 문제점을 탈핵 시민단체들의 목소리를 빌려 전했을 뿐이다.

〈경향신문〉

1면: 400억 달러 UAE 원전 수주

5면: 30년 노하우 '한국형 원전' 국제적 인정

기술 자립도 5% 부족… 운영 분야는 세계 최고

이 대통령 출국 전 사실상 확정

〈한겨레〉

1면: 한국, 47조 원짜리 UAE 원전 수주

3면: 한국 건설 단가 2300$–프 2900$…압도적 우세로 '탄력'

"지난달 한국 확정 분위기…1주 전 가능성 99%로"

"원전 안전성 논란 아직 끝나지 않았다"

사설: 원전 수출이 달갑지만은 않은 이유

모두 2008년 12월 27일(UAE 현지 시각) UAE 원자력공사(ENEC)가 원전 프로젝트에 한국전력 컨소시엄이 '아레바(프랑스)', '제너럴일렉트릭(미국)–히타치(일본) 컨소시엄'과 경합한 끝에 최종 사업자로 선정됐다고 발표한 뉴스를 전하는 기사였다.

그런데 언론들은 왜 이렇게 흥분했던 걸까? 정부를 감시하고 견제해야 하는 게 언론이지만, 무턱대고 정부의 발표를 무시할 수도 없는 건 사실이다. 현장의 정부 관계자들의 들뜬 분위기에도 영향을 받을 수밖에 없다.

당시 이명박 정부는 UAE 원전 수출의 '역사적 의미'를 강조했다. 총 400억 달러(약 47조 원) 규모의 사업인 데다 1978년 고리 1호기를 처음 가동한 이후 31년 만에 한국형 원전을 수출하게 된 역사적인 사건이라는 것이다. 원전 수주 막바지 지원을 위해 UAE 아부다비를 방문한 이명박 대통령은 이날 밤 현지에서 생중계 기자회견을 열어 "앞으로 원전 해외시장 진출에 미국, 일본, 프랑스, 러시아와 어깨를 나란히 할 수 있게 됐다. UAE와 에너지, 플랜트, 투자, 안보 등 제반 분야에서 협력을 확대해, '제2의 중동 붐'을 가져오게 될 것이다"라고 말했다.

UAE 원전 수출은 규모나 액수만 놓고 따져본다면 매머드급 계약이다. 140만kW급 한국형 원전 4기를 설계부터 건설, 준공 뒤 운영 지원까지 일괄 수출하는 계약이었다. 당시 정부 설명에 따르면 원전 설계와 건설 부문의 계약 금액은 200억 달러였고 건설 뒤 기기 교체, 폐기물 처리 등과 관련된 계약 규모도 200억 달러에 달했다. 1989년 리비아 대수로 2단계 공사(63억 달러)의 6배를 넘는 것으로, 한국의 플랜트 수출 사상 최대 규모라는 설명도 뒤따랐다. 정부는 수출 효과를 자동차와 배에 비교하는 것도 잊지 않았다.

"약 200억 달러의 원전 건설은 NF쏘나타 100만 대 또는 30만 톤급 초대형 유조선 180척 수출과 맞먹고, 10년간 11만 명의 고용 창출 효과가 있다."

정부가 밝힌 우리나라의 입찰 성공 이유는 세계 최고 수준의 가격 경쟁력과 짧은 건설 공기, 30년간의 원전 운영 경험, 그리고 한국형 원전의 안전성과 운영 실적이었다. 오래전 미국 웨스팅하우스의 원전 건설을 어깨너머로 배운 원전 불모지 한국이 미국과 일본, 프랑스를 제치고 원전 수출계약을 따냈다는 것은 프로젝트를 준비한 사람들에게 분명 감격스런 순간이었다. 더군다나 UAE 원전에 설치할 원자로는 국내에서 대부분 개발한 '한국형 원자로'(APR 1400)였기 때문에 이들의 감정은 더욱 벅찰 수밖에 없었다. 당시 분위기를 그린 기사는 이렇다.

> 27일 오후 7시 15분. 서울 강남구 삼성동 한국전력공사 본사 지하 2층 워룸(war room). 40여 명의 사람들이 숨을 죽였다. 적막 속에서 한 통의 전화가 걸려왔기 때문이다. 한전 이흥주 원자력사업처 부장이 상기된 표정으로 전화를 받았다. 잠시 후 수화기를 내려놓으며 큰 소리로 외쳤다. "여러분! 됐습니다. 우리가 해냈습니다!"
>
> 아랍에미리트연합(UAE) 원자력발전사업 프로젝트에 한전 컨소시엄이 최종 사업자로 선정됐다는 전화였다. 순간 현장에 모인 한전 컨소

시엄 관계자 40여 명은 "와" 하고 환호했다. 모두 눈시울이 붉게 충혈돼 있었다. 이들은 모두 함께 "대한민국 만세"를 외쳤다.[87]

이 대통령이 약 30년 전 현대건설 사장 시절 미국 웨스팅하우스의 하청업자로서 국내 원전 12기를 건설한 경험까지 더해지며 UAE 수출은 후진국 한국이 선진국과 어깨를 나란히 한다는 하나의 상징으로 선전됐다.

이면계약의 진실은 어디로

하지만 6년이 지난 지금, 당시 '성공 신화'는 철저하게 기획된 프로그램이었다는 사실이 뒤늦게 드러난 바 있다. 우선 2008년 12월 27일 원전 수주를 발표한 것 자체가 극적인 효과를 노린 청와대의 기획이었기 때문이다. 이 대통령과 청와대는 이미 열흘 전 수출계약 확정을 UAE로부터 통보받았다. 그러나 대통령의 공식발표를 위해 청와대에서는 언론에 '엠바고'(embargo, 일정 기간까지 보도 금지를 요청하는 것)를 건 것이다. 당시 미국산 쇠고기 수입 반대 시위가 거세지면서 한 해 동안 큰 타격을 입은 이 대통령의 리더십을 회복하기에 이만한 아이템도 없었다. 청와대가 대통령의 성공을 부각시키는 데 힘을 쏟은 이유다.

그러나 UAE 원전 수출계약은 얼마 안 돼 이면계약 논란이 터져 나왔다. 지금까지도 밝혀지지 않은 각종 의혹이 꼬리를 물고 있다. MBC

87) 김윤종, '만세! 해냈다 수주戰 사령부 워룸 환호성' 〈동아일보〉 2008년 12월 28일자 4면.

의 시사프로그램인 〈시사매거진 2580〉에서는 "정부가 UAE와 원전 수출계약을 맺는 과정에서 전체 수주액 186억 달러 가운데 100억 달러(당시 약 12조 원)를 한국 정부가 한국수출입은행을 통해 대출해주기로 했다"는 사실을 보도했다. 게다가 대출 상환 기간은 28년이고, 우리나라의 신용등급이 UAE보다 낮아 비싼 금리로 돈을 빌려다가 싼 금리로 줘야 해서 막대한 손실이 우려된다고 폭로했다.[88] '역사적인 사건'이라던 UAE 원전 수출계약이 '뺑튀기 수주'라는 것이었다.

보도 다음날, 지식경제부와 한국전력에서는 다음과 같은 해명을 내놨다.

> "원전 등 해외 플랜트 수주에 대한 수출금융 지원은 국제적인 관례다. 대출 규모와 금리 등 조건은 향후 아랍에미리트연합 쪽과 협의를 통해 확정되겠지만, 대출금리는 경제협력개발기구(OECD) 가이드라인을 따라야 해 우리 쪽이 손해를 볼 여지는 없다."

한국수출입은행도 '역마진'(금융기관의 조달금리가 대출금리를 상회하는 경우에 그 차이)은 없을 것이라고 밝혔다. 하지만 이에 대해서도 의혹을 제기하는 목소리가 나왔다.

> 프로젝트 파이낸싱 업무에 밝은 금융권 전문가들은 정부 쪽 해명에 고개를 갸우뚱하고 있다. 한 시중은행 관계자는 "OECD 가이드라인

88) MBC 〈시사매거진2580〉 'UAE 원전 수주의 비밀, 미공개 계약 조건'(2011년 1월 30일)

은 대출금리의 적정선만 제시하고 있다"며 "만약 수출입은행이 대출금 조달을 위해 높은 금리로 채권을 발행해야 한다면 역마진은 생길 수밖에 없다"고 말했다. 100% 정부 출자 은행인 수출입은행이 최근 국제금융 시장에서 발행한 채권의 금리는 4.2%대다. 한 증권사 국제금융 담당 임원은 "현재 미국의 10년물 국채 금리가 3%대임을 고려한다면 수출입은행의 원전 프로젝트 대출에서는 역마진이 발생할 수밖에 없다"며 "수출입은행이 수익성이 불투명한 해외 프로젝트 대출에 100억 달러를 쏟아부으면 중소기업 수출입금융 지원이 크게 위축될 수 있다"고 우려했다.[89]

애초에 정부는 UAE 원전 수출의 계약 조건과 내용을 모두 비공개했지만, 의혹들이 하나씩 터져 나오며 이면계약 논란에 불이 붙었다. 2011년 2월 민주당, 민주노동당, 진보신당 등 야당은 국정조사 요구서를 공동 제출키로 하는 등 "UAE 원전의 진실을 밝히라"며 정부를 강하게 압박했다. 의혹은 한두 가지가 아니었다. 한국의 입찰 가격(186억 달러)이 경쟁사인 프랑스 아레바(360억 달러)보다 턱없이 낮았고, 원전 건설 운영 중에 발생하는 문제들이 한국의 부담으로 돌아올 가능성도 높아 보였다.

2010년 12월 당시 여당인 한나라당이 예산안을 날치기 통과시키며 UAE 원전 수출의 금융지원 대출금에 대한 안전장치를 삭제한 것이 뒤늦게 드러나기도 했다. 국회 기획재정위원회의 예산결산 소위원장이

89) 이순혁, '한국이 공사비 절반 넘는 12조 원 대출 약속' 〈한겨레〉 2011년 2월 1일자 1면.

던 한나라당 이혜훈 의원은 라디오 인터뷰에서 "기획재정위의 예산 심의 과정에서 수출입은행에 UAE 원전 관련한 금융 지원 계획을 제출하라고 요구했는데 얼마를 빌려줘야 될지 확정이 되지 않아 확정된 이후에 다시 국회 동의를 받아서 쓰라는 안전장치를 걸었다"고 말했다. 이 내용은 국회 속기록에도 나온다.[90]

문제는 이후 기획재정부가 안전장치를 없애고, UAE 원전 대출과 관련해 1000억 원을 지원하는 안을 만든 다음 예산안 날치기 과정에서 그대로 통과시켰다는 것이다. 정부가 UAE 수출계약 조건을 이행하기 위해 얼마나 신경을 곤두세웠는지 방증하는 대목이다.

당시 박지원 민주당 원내대표는 "이명박 대통령이 UAE 원전 수주를 강조하면서 UAE 파병안을 날치기로 처리했다. 파병만 해주면 원전 수주가 된다고 했지만 이렇게 참으로 엄청난 거짓말이 탄로 나고 있다"고 꼬집었다. 그렇다. 정부는 원전 수출을 위해 야당과 시민사회단체의 반발을 무릅쓰고 특전사 130명을 2011년 UAE로 파병하는 결정마저 내렸다. 당시 국방부는 "국익 창출을 위한 신개념 파병"이라고 부연 설명까지 했다. 정부가 이야기했던 수출 효과를 보기 전에 UAE에 퍼줘야 할 것이 너무나 많았다.

그러나 한국 원전의 우수성을 알렸다는 UAE 수출계약 뒤, 우리나라는 추가 원전 수주에서 번번이 고배를 마시고 있다. 요르단, 리투아니아, 터키 등에서 진행한 원전 공사 입찰계약에서 모조리 실패했다.

90) MBC라디오 〈손석희의 시선집중〉(2011년 2월 7일). 이혜훈 의원의 발언 내용은 18대 정기 국회가 열린 2010년 11월 22일과 11월 25일 기획재정위 예산결산 소위원회(본회의 상정 전 예산을 심의하는 위원회) 속기록에서 확인할 수 있다.

UAE 원전 수출계약이 성사된 뒤 지식경제부에서는 "2030년까지 원전 80기를 수출하겠다"며 원전 '3대 강국'을 청사진으로 제시하기까지 했는데 말이다.

게다가 경남 밀양의 송전탑 건설을 둘러싸고 한국전력과 마을 주민들 사이에 갈등이 고조되던 2013년 5월에는 UAE 원전의 수출계약과 관련한 새로운 내용이 튀어나왔다. 2013년 5월 23일 변준연 한국전력 부사장은 기자간담회에서 "UAE 원전을 수주할 때 신고리 3호기가 레퍼런스 플랜트(참고용 발전소)였다. 2015년까지 가동이 안 되면 페널티를 물도록 계약돼 있다"는 말을 꺼냈다. 밀양 송전탑 공사가 UAE 원전 수출과 관련 있다는 뜻이었다. 신고리 3호기에서 만들어질 전기가 밀양 송전탑을 타고 지나가야 하는 구조이기 때문이다. 신고리 3 · 4호기와 UAE 원전에는 한 번도 상업운전을 한 적이 없는 '한국형 가압경수로'(APR 1400)를 써야 하는데, 먼저 공사가 이뤄지는 신고리 3호기가 제대로 돌아가는지를 UAE 쪽에 확인시켜줘야 하는 상황이었던 것이다.

구체적인 내용을 확인하기 위해 김제남 정의당 의원실을 찾았다. 의원실 관계자는 "계약서에 신고리 3호기의 상업운전을 2013년 9월에 한다고 명시돼 있으며, 2년의 유예 기간을 두고 2015년 9월까지 상업운전을 하지 못할 경우 공사비의 0.25%를 지체 보상금으로 물도록 하는 내용이 명시돼 있다"고 설명했다. 계약의 비밀 유지 조항 탓에 한국전력에서는 국회의원들에게조차 UAE 원전 계약서를 복사하거나 대출해주지 않았다. 그 대신 한국전력 관계자가 계약서를 들고 가 산업통상자원위원회 소속 국회의원과 보좌진에게 열람해주기만 했다.

당시 전력난 해소를 위해 신고리원전 3호기의 건설을 미루면 안 된다고 주장했던 정부와 한국전력 관계자들은 기자들을 만나면 "UAE 원전 수출에 차질이 있다"며 국익을 강조했다. 그러나 그건 '국익'보다는 UAE 원전사업을 추진하는 한국전력 컨소시엄의 이익에 가깝다. 이 컨소시엄에는 한국전력과 한수원, 한국전력기술, 한전원자력연료, 한전KPS 등 자회사들과 두산중공업, 현대건설, 삼성물산이 참여하고 있다.

그렇다면 한국전력과 정부 관계자를 제외하고, 논란이 가득한 그 계약서를 처음부터 끝까지 검토한 사람이 있을까. 너무 궁금해 한 국회의원 보좌진에게 물었다.

"계약서 보셨죠? 도대체 무슨 내용이 있나요?"

"수백 페이지인데 영어로 된 계약서예요. 시간도 없고 신고리원전 3호기 관련된 내용만 겨우 확인했어요."

어쨌든 UAE 원전 건설은 현재도 진행 중이다. 우리의 발목을 잡고 있는 '이면계약'도 여전히 현재진행형이다. 세월호 참사의 슬픔이 가시지 않은 2014년 5월 20일, 박근혜 대통령은 UAE에 방문해 한국형 원자로인 바라카 원전 1호기 원자로 설치 행사에 참석했다.

UAE 원전 계약을 둘러싼 진실은 뭘까. 분명한 건 당시 이명박 정부가 목소리를 높였던 수출 효과는 '아직'이라는 것이다. 신기루 같은 '국익'의 진실은 봉인된 계약서 안에서나 찾을 수 있는 걸까.

원전 산업의 미래

원전은 성장한다?

원전은 수많은 이들의 이해관계가 걸린 산업이다. 우리나라 원자력산업계는 정부(산업통상자원부 · 한국전력 · 한수원 등)−학계−대기업−협력업체가 얽혀 있는 운명공동체이다. 이를 상징적으로 보여주는 것이 앞에서도 언급한 '한국원자력산업회의'다. 이 단체의 임원진 구성을 보면 원자력을 둘러싼 운명 공동체의 모습이 단적으로 드러난다.

조석 한수원 사장이 회장을 맡고, 두산중공업 · 현대건설 · 삼성물산 등 대기업 사장들과, 한국전력 부사장이 부회장을 맡고 있다. 이사는 미래창조과학부 및 산업통상자원부 담당정책관과, 한전KPS(정비용역업체), 한국원자력연구원 등의 관계자들로 구성됐다. 1972년 공익법인으로 설립된 한국원자력산업회의는 "국내 원자력산업 발전을 위해 인력 양성, 국제 협력, 각종 발간사업, 대국민 홍보사업을 수행한다"

〈한국원자력산업회의 임원진 현황〉(2014년 5월 1일 기준)

직위	성명	소속 및 직위
회장	조 석	한국수력원자력 사장
상근부회장	민계홍	한국원자력산업회의 상근부회장
부회장	한기선	두산중공업 사장
	정수현	현대건설 사장
	박영식	대우건설 사장
	최치훈	삼성물산 사장
	박정근	한국전력공사 부사장
이사	문해주	미래창조과학부 우주원자력정책관
	유연백	산업통상자원부 원전산업정책관
	박구원	한국전력기술 사장
	이철균	대림산업 사장
	최외근	한전KPS 사장
	이재희	한전원자력연료 사장
	김종경	한국원자력연구원 원장
	이종인	한국원자력환경공단 이사장
	천병태	한국원자력문화재단 이사장
	임병용	GS건설 사장
	최광철	SK건설 사장
	백흥건	효성 그룹 부사장
	이명철	한국방사선진흥협회 회장
	조남진	한국과학기술원 원자력 및 양자공학과 교수
	이희용	한국전력공사 원전수출본부장
	이승철	한국수력원자력 기술전략처장
감사	박정용	두산중공업 전무
	진태은	한국전력기술 상무

출처: 한국원자력산업회의 홈페이지

고 밝히고 있다. 국가가 원전을 독점 운영하는 한국과 달리 주요 원전 선진국들의 경우 여러 개 민간회사가 원전을 운영하는 구조다. 하지만 공고한 진입장벽이며 끈끈한 유대를 자랑하는 산업 생태계의 속성은 별반 다르지 않다.

똘똘 뭉친 세계 원자력업계는 후쿠시마 원전 사고의 여파로 잠시 주춤했을 뿐, 최근 다시 낙관적 전망을 내놓고 있다. 유럽 최대 경영전략 자문회사인 롤랜드버거 스트래티지 컨설턴트의 「세계의 원자력: 후쿠시마 사고 3년, 우리는 어디에 서 있나」[91] 라는 보고서를 보면 성장에 대한 장밋빛 기대로 가득 차 있다.

- 2011년 3월 발생한 후쿠시마 원전 사태에도 불구하고 세계 원자력발전 시장은 성장을 지속하고 있음.
- 2014년 현재 전 세계적으로 약 70여 기의 원자로가 건설 중이며, 이 중 절반은 중국과 러시아에 있는 것으로 조사됨.
- 2030년 전 세계에서 가동 중인 원자력발전소의 70%가 연령 40~60년 이상의 노후 발전 설비가 될 것으로 분석됨. 세계 각국은 2015~2030년 사이에 노후 원자력발전소에 대한 대책을 강구해야 할 것으로 보임.
- 2030년 세계 원자력발전 시장 전망: 전 세계 원자력발전 설비 용량은 2014년 2월 372GWe(gigawatt electrical)에서 2030년 470~637GWe로 증가할 것으로 전망됨.
- 2014년 2월 현재 13GWe를 나타내고 있는 러시아의 원자력발전 설비 용량은 2030년 34~46GWe로 증가할 것으로 전망함.

91) Roland Berger Strategy Consultant. 『Nuclear worldwide: Where we stand 3 years after Fukushima』(2014년 3월)

- 2030년부터 2050년까지 전 세계 신규 원자력발전소 건설 전망: 미국(77~91개), 프랑스(47개), 일본(18~28개), 러시아(11개), 우크라이나(11개), 캐나다(8~10개), 한국(8개), 스웨덴(7개), 핀란드(3~4개), 체코(4개) 등.

이는 "기후온난화와 급증하는 전력 수요를 감당하기 위해서는 원전이 필수적"이라는 전제 아래에서 나온 업계의 전망이다. 또 러시아, 중국처럼 신흥 성장국들이 원전을 필요로 하고 있다는 사실을 엿볼 수 있다. 특히 아시아의 원전산업은 가파르게 성장하고 있다. 후쿠시마 원전 사고를 가까이서 지켜봤음에도 중국 국가핵안전국(NNSA)은 2014년 3월 "17기 가동 중, 31기 건설 중"이라고 원전 현황을 밝히며 원전 정책의 확대를 천명했다. 중국은 장기적으로 100기가 넘는 원전을 해안가에 건설할 계획도 갖고 있다. '국제원자력기구 발전원자로 정보시스템'(IAEA PRIS)을 보면, 2014년 3월 기준 전 세계에서 가동 중인 원전 435기 가운데 21%인 92기가 한국, 중국, 일본, 대만에 있다. 세계원자력협회(WNA)가 2013년 10월 내놓은 「아시아의 핵발전 성장」(Asia's nuclear energy growth) 현황 자료에는 "2010년 자료를 기준으로 볼 때, 동아시아와 남아시아 지역에서 매해 38GWe의 원전 용량이 추가되고 있다. 2010~2020년에는 매해 56GWe가 늘어날 것으로 보이는데, 이는 앞으로 폐로하는 발전소의 36%에 해당하는 용량이다"라고 전망했다.[92]

후쿠시마 원전 사고 뒤 독일이 탈핵을 선언하고, 유럽 국가들이 신

92) 국제원자력협회 홈페이지(http://www.world-nuclear.org/info/Country-Profiles/Others/Asia-s-Nuclear-Energy-Growth) 참조.

규 원전 건설을 보류하는 것과 대조적으로 아시아에서는 원전이 급속도로 확대되고 있는 것이다. 원자력산업계가 낙관적 전망을 계속 쏟아내는 데는 이처럼 '믿는 구석'이 있기 때문이다.

원전을 달에다 수출하나요?

문제는 아시아의 원전 확대 정책이 시대의 흐름에 역행하고 있다는 것이다. 2013년 11월 장하나 민주당 의원이 공개한 보고서[93]는 "후쿠시마 사고가 신규 원전 건설에 영향을 미치면서 핵산업계의 몰락이 가시화되고 있다"라고 밝히고 있다. 또한 "세계적으로 59기의 원전이 건설중이지만 건설 비용 증가로 18기는 수십 년 동안 공사가 지연되고, 최근 5년 사이 건설이 시작된 41기는 착공일을 정하지 못해 언제 완공될지 불투명한 상황"이라고 전했다.

보고서에 따르면 유럽의 원전 건설 비용은 지난 10년 동안 껑충 뛰었다. 프랑스에서 2001년 건설된 원자로는 건설 비용이 48억 유로(2010년 기준)였지만, 프랑스전력공사(EDF)는 최근 건설 중인 신규 원전에 대해서는 후쿠시마 사고 대책 비용 등을 추가해 건설 비용을 85억 유로로 올렸다. 1973년 건설을 시작해 2012년부터 전력을 공급할 예정이던 미국의 와츠바(Watts Bar) 원전도 준공 시점이 2016년으로 연기됐다. 건설 비용이 최근 5년 동안 60%나 증가했기 때문이다.

93) 진상현 · 한동희 · 황인창 · 김동형, 「해외 원자력발전 및 방사성 폐기물 처리 관련 규제의 사례연구」(국회예산정책처, 2013년 7월)

이처럼 원전산업이 사양화되고 있다는 분석들이 나오는 가운데, 과감하게 원전 확대정책을 고수하고 있는 우리나라를 보는 외부의 시선은 어떨까?

"원전 수출 시장 자체가 안 보이는데 80개 원전을 어디다 수출하죠? 달이나 혹성에 수출하나요?"[94]

2012년 9월 서울의 한 강연에서 만난 국제에너지 컨설턴트 마이클 슈나이더는 한국 정부의 원전 수출 정책을 이렇게 꼬집었다. 「세계 원자력산업 동향보고」(The world nuclear industry status report 2012)[95]의 대표저자인 그는 유럽의회, 프랑스, 독일, 벨기에 정부에 에너지정책 자문을 하고 있는 에너지 전문가다. 그는 "후쿠시마 원전 사고 이후 세계 원자력산업은 사양길로 접어들고 있다"며 2030년까지 80기의 원전을 수출하겠다던 한국의 '원전 르네상스' 정책에 의문을 제기했다.

슈나이더의 당시 분석을 보면, 전 세계 원전은 429기(2012년 5월 기준)로, 최대였던 2002년 444개보다 15개가 줄어들었다. 세계 전력 생산에서 차지하는 비중도 1993년 17%에서 2011년 11%로 떨어졌다. 후쿠시마 사고 여파로 2010년보다도 4.3%가 줄어들었기 때문이다. 그는 "원자력산업을 선도하고 있는 프랑스의 원전 시공업체 아레바사의 주식 가치가 2007년 대비 88% 폭락했다. 원전을 짓는 자금 조달 자

94) 이승준, '이 사람: 한국은 원전 80기를 달나라에 수출하나요?' 〈한겨레〉 2012년 9월 4일자 20면. 마이클 슈나이더는 아이들에게 핵 없는 세상을 위한 국회의원연구모임, 녹색당, 진보신당, 탈핵법률가모임 해바라기 공동주최로 2012년 9월 3일 서울 여의도 국회도서관에서 열린 '세계 핵산업에 미래는 있는가?' 초청 강연회에 연사로 참가했다.

95) 보고서 전문은 인터넷 홈페이지(http://www.worldnuclearreport.org)에서 받아볼 수 있다.

체가 힘들어졌다"고 말했다. 세계의 원자력산업이 후쿠시마 원전 사고와 경기 침체로 뚜렷이 퇴조의 길에 들어섰다는 게 그의 분석이었다.

이들은 한국과 달리 전력 소비 감소와 신재생에너지를 선택했다. 독일의 경우, 전력 피크타임(하루 중 전력 수요가 가장 높게 치솟는 시간대) 때 절반의 전력량을 태양광 발전으로 채운 사례도 있다. 2011년 4월 독일 사회민주당(SPD)의 싱크탱크인 '프리드리히에버트 재단'(Friedrich Ebert Stiftung)이 내놓은 보고서에는 원자력의 르네상스가 도래하지 않을 이유에 대해 이렇게 설명했다.

> "결국 세계 원자력 개발 계획은 그 목표나 기대에 훨씬 못 미쳤다는 사실이 확인됐다. 원자력의 르네상스 시대가 도래하지 않을 이유는 발전소 건설을 위한 원자력산업의 능력과 전문 인력의 부재, 또 원자력발전소 건설에 드는 비용의 지속적 증가로 인한 재정 문제였다. 게다가 원자력발전소가 기후 변화를 막을 수 있다는 주장 역시 수명 주기 분석 결과 타당성이 없는 것으로 드러났다. 또한 원자력의 민간 차원 이용과 군사적 목적의 사용이 샴쌍둥이처럼 떼려야 뗄 수 없는 관계라는 사실이 원자력 사용에 관한 찬반 논의에서 항시 고려될 수밖에 없다는 문제점도 드러났다. 결국 민주주의 국가에서는 원자력의 민간 차원 이용을 반대하는 이유로 핵무기의 확산 위험과 테러 목적으로 사용할 가능성이 점점 더 설득력을 얻게 됐다."[96]

96) 루츠 메츠 베를린자유대학교 환경정책연구센터 선임연구위원, 「후쿠시마 사고 이후 원자력의 미래: "원자력 르네상스"가 도래하지 않을 이유」(프리드리히에버트 재단 한국사무소 FES Information Series, 2011년 4월) p.7.

원전이 미래 유망 사업이냐, 사양 산업이냐는 여전히 논란 중이다. 중국을 중심으로 아시아에서 진행되는 '원전 드라이브' 역시 현재 진행형이다. 하지만 원전의 건설 비용이 계속 높아지는 등 "싸고 경제적이다"라는 신화에 균열이 가고 있는 것도 사실이다. 오히려 원자력산업계 안에서 "원전을 폐로하는 사업을 키워야 한다"는 목소리가 힘을 받고 있는 것도 이러한 환경 때문인 것이다.

원전 폐로 산업의 부상

지방자치단체장을 뽑는 2014년 6·4 지방선거를 앞두고 부산에서는 '폐로 공약'이 뜨거웠다. 여야 가릴 것 없이 시장 후보들이 고리원전 1호기 폐로를 공약으로 내세웠기 때문이다. 그동안 금기어에 가깝게 여겨지던 '폐로'라는 말이 수면 위로 떠오른 것이다. 당선되면 잊어버릴 정치인들의 공약(空約)이라 여길 수도 있지만, 부산시장으로 당선된 새누리당의 서병수 시장은 곧 고리원전 1호기의 2차 계속운전(수명 연장)에 반대 입장을 밝혔다. 사실상 고리원전 1호기를 폐로해야 한다는 입장을 보인 것이다. 고리원전이 위치한 부산 기장군의회는 2014년 8월 '고리 1호기 완전 폐쇄 촉구 결의안'과 함께 '원자력 해체기술 종합연구센터 건립 촉구 결의안'을 만장일치로 채택하기까지 했다.

정치인들은 지역의 여론에 민감하다. 그들의 속내는 알 수 없다. 그러나 확실한 건, 시민들이 고리원전 1호기에 대해 우려하고 있다는 것이다. 그런 의미에서 2014년은 원자력 신화가 그 빛을 서서히 잃기 시작한 해로 기억될 것이다.

원전 폐로는 진작부터 사회적 공론화가 이뤄져야 했다. 2000년대 중반까지 건설된 원전은 대부분 설계수명이 30년 안팎이다(신고리원전 3·4호기 등 최근에는 설계수명 60년짜리 원전이 건설되고 있다). 1978년에 상업운전을 시작한 고리 1호기는 올해로 벌써 36년째 가동되고 있다. 2007년 설계수명이 완료됐지만 원자력안전위원회 승인으로 10년 동안 가동이 연장됐고, 오는 2017년 재연장 여부를 결정하게 된다. 그러나 고리 1호기의 잦은 고장과 사고로 재수명 연장을 반대하는 목소리가 커지고 있다.

그러나 폐로의 과정도 순탄치만은 않다. 단순히 건물을 철거하는 것 이상으로 복잡한 작업이기 때문이다. 수백만 개의 부품으로 구성된 원전을 해체하고, 방사능 오염물질을 제거하며, 남아 있는 오염물질이 외부로 유출되지 않게 조치해야 한다. 이 과정에는 고도의 기술이 필요하다. 또한 원전에서 나온 폐기물을 어떻게 처리할지도 결정해야 한다.

이미 미국에서는 원전 12기를 폐로 완료했고, 17기를 폐로하고 있다. 독일은 3기의 폐로를 끝냈고, 16기를 폐로 중이며 일본은 후쿠시마 1~6호기 포함 7기의 폐로 작업에 들어갔다. 미국 자이온(Zion) 원전의 경우 설계수명 만료 이전이지만, 폐로가 더 경제적이라고 판단해 폐로를 시작하기도 했다.

이처럼 각국 정부가 폐로에 대해 관심을 보이는 것은 국제적인 흐름이기도 하다. 국제원자력기구(IAEA)에서도 원전 폐로 시장 규모가 2030년 500조 원, 2050년 1000조 원까지 증가할 것으로 내다보고 있다. 또 2030년을 넘어서며 120기의 원전이, 2040년에는 200기 이상의 원전이 정지될 것으로 전망한다. 국내 가동 중인 원전 23기 중 10기도

2020년에는 설계수명이 끝나고, 계속운전(수명연장)을 하더라도 2030년에는 원전을 세워야 한다.

'돈 냄새'에 가장 민감한 주식시장에서도 최근 들어 폐로를 하나의 유망한 시장으로 보기 시작했다. 2014년 8월 아이엠투자증권은 "세계 폐로 시장 규모는 원전 수명연장이 없다면 2030년까지 연평균 11조 원"이라는 분석을 내놓았다. 해체 단가는 1기당 6000억 원으로 추정했고, 건설 시장보다 원전 해체 시장이 더 클 가능성이 있다는 분석도 내놨다. 결국 국내에서 원전 해체 사업에 향후 참여할 가능성이 큰 두산중공업, 한전KPS, 한국전력기술, 한수원에 투자하는 것이 유망하다는 의견인 것이다.[97]

그러나 정부는 30년 넘은 고리 1호기의 폐로 여부도 결정하지 못하고 있다. 또 막상 폐로를 하려고 해도 국내에서 이를 담당할 기술을 갖춘 업체는 현재 전무한 상태다. 미국에서 이미 원전 폐로 해체 업체들이 생겨났고, 일본이 "후쿠시마 지역을 폐로산업 거점으로 만들겠다"는 구상을 밝힌 것에 견줘보면 한참 뒤처진 셈이다. 2014년 10월 13일, 국회 산업통상자원위원회 국정감사에 출석한 윤상직 산업통상자원부 장관은 "내년에 폐로와 관련된 R&D(연구개발) 센터를 설립할 예정이다"라고 말했는데, 이는 사실상 한국이 원전 폐로에 대해 아무것도 준비하지 못했다는 사실을 털어놓은 것이나 다름없다. 당시 윤 장관은 "전력 에너지 수급이라는 측면에서 고민해야 한다. 폐로와 탈원전은

97) 주익찬, '원전 폐로: 시장 규모가 원전 건설보다 더 커질 전망'(아이엠투자증권 리포트 유틸리티 / 운송 / 조선 / 기계 분야, 2014년 8월 19일)

신중하게 가야 한다"며 폐로에 대해 부정적인 입장도 내비쳤다. 취재 과정에서 만난 한수원 관계자들도 '폐로'라는 말에 상당히 민감한 반응을 보이곤 한다. 그러면서 "우리 정부는 핀란드 원전 수출 등 외부에서 활로를 찾으려 하고 있다"라는 논리를 내세운다. 그러나 세계적인 흐름을 막을 수는 없다. 이제 한국에서도 '폐로'는 금기어가 아니다. 원전은 계속 노후해지고, 이와 함께 원전 안전성에 대한 의구심이 커지고 있는 현실에 눈감을 수는 없기 때문이다.

드러나지 않는 원전 비용

밀양 송전탑의 경제학

그해 가을, 밀양의 햇살은 음산했다. 곳곳에 경찰을 태운 버스가 늘어섰고, 마을 입구는 트랙터와 트럭이 살벌하게 길을 막아섰다. 70대가 넘은 경남 밀양의 어르신들은 노구를 이끈 채 매일같이 산을 오르내려야 했다.

2013년 10월, 한국전력은 그동안 미뤄왔던 경남 밀양 단장, 산외, 상동, 부북 등 4개 면 구간의 송전탑 공사를 강행하기로 했다. 한국전력은 신고리원전에서 생산한 전기를 보내는 765kV 고압 송전선로 건설사업을 2005년부터 진행하고 있었다. 마을 주민이 스스로 목숨을 끊는 등 사업을 반대하는 목소리가 높아지면서 잦아들었던 공사가 '행정대집행'을 통해 재개된 것이다.

경찰과 한국전력 직원, 그리고 이들을 저지하려 나선 마을 주민들의

ⓒ김명진(한겨레 기자)

초고압 송전탑 건설에 반대하는 밀양 주민들이 2013년 5월 22일 경남 밀양시 부북면 위양리 127번 송전탑 공사현장에 한국전력 직원들과 경찰이 나타나자 굴착기의 삽에 올라가 공사를 막고 있다.

충돌은 해를 넘겨서까지 계속됐다. 한국전력은 돈으로 회유하기도 하고, 경찰력을 동원해 강제로 끌어내기도 했다. 하지만 "그냥 살던 대로 살게 해달라"는 밀양 주민들의 의지는 쉽게 꺾이지 않았다.

시골 노인들이 원전에 대해 뭘 아느냐, 보상을 더 받아내려는 것 아니냐, 내 지역은 안 된다는 '님비'(NIMBY) 현상 아니냐고 반문할 수도 있겠지만, 자세히 들여다보면 곧 진실을 깨닫게 된다.

송전탑 건설을 둘러싼 갈등은 원전에서 출발한다. 울산 울주군에 건설 중인 신고리원전에서 생산한 전원을 주요 대도시로 공급하려면 초고압 송전탑이 필요하기 때문이다. 즉, 갈등의 본질은 '불균형적인 전력수급 정책'에 있다. 대도시가 값싼 전력을 공급받기 위해 소외 지역이 희생되는 구조인 것이다.

"원전이 그렇게 좋으면 서울 한복판에 지어라."
"서울에 불 훤히 켜주자고 전기도 별로 안 쓰는 내가 논밭을 내놓아야 하나?"

취재 과정에서 가장 많이 듣는 말이다. 우리나라의 전력 생산 · 공급 체계는 전체 인구의 절반 가까이 사는 서울 및 수도권에 전력을 공급하기 위해 해안가에 발전소를 짓고 지역민들의 희생을 강요하는 구조다. 물론 법으로 정한 각종 지원책이 있지만 지역 주민들에게 그 혜택이 제대로 돌아가지 않는 경우도 많고, 거주지 주변에 위험한 시설이 들어서길 바라지 않는 지역민들에게는 별 의미가 없는 경우도 있다.

2013년 봄, 신규 원전 건설을 둘러싸고 갈등이 불거지던 강원도 삼척을 취재차 찾은 적이 있다. 해안가를 따라 한창 건설 중이던 화력발전소와 LNG 저장기지가 눈에 들어왔다. 모두 해안가를 매립하고 거대한 구조물을 짓는 공사였다. 당연히 주민들은 주변으로 밀려날 수밖에 없다. 마을 주민들은 대책위원회를 꾸리고 대응에 나섰지만 역부족인 상황이었다.

삼척 시내도 뒤숭숭했다. 당시 주민들은 원전 건설을 둘러싸고 사실상 공동체가 반으로 나뉘어진 상태였다. 원전유치 추진 대책위원회 사무실은 원전유치 반대 대책위원회와 걸어서 10분이 채 안 되는 거리에 있었다. 대도시와 공단을 위해 들어서는 원전 탓에 마을 공동체 전체가 몸살을 앓는 일이 반복되는 것이다. 현재 삼척에서는 원전 유치 백지화를 공약으로 내건 김양호 후보가 삼척시장에 당선됐고, 민간 주도로 주민투표가 진행돼 유치 반대로 결론이 난 상태다. 그렇지만 삼척의 공동체가 원전 때문에 치러야 할 사회적 비용과 심리적 갈등은 여전히 현재 진행형일 수밖에 없다.

2000년대 이후 원전이 새로 건설되거나, 방사성폐기물 처분장이 자리를 잡는 지역사회는 번번이 극심한 갈등에 시달려왔다. 정부의 전력 수급정책이 공급중심으로 가면서 상대적으로 생산 단가가 낮다고 평가한 원전에 의존하게 되었다. 값싼 전기는 에너지 소비를 부추기고 그러면 또다시 공급 물량을 늘리기 위해 발전소를 지어야 하는 악순환이 반복된다. 그 과정에서 입지가 좋은 해안지역에 원전이 들어서고 여기서 대도시로 전력을 공급하기 위해 송전시설이 곳곳에 들어서게 되는 것이다.

그런 점에서 대도시와 발전소 밀집지역 사이에서 나타나는 전력 자급률 차이는 많은 시사점을 준다. 에너지 관련 시민단체인 '에너지정의행동'이 2011년 전국 지역별 전력 생산량과 소비량을 계산해 산출한 '시도별 전력자급률'을 보면 화력발전소, 원전 등 대규모 발전단지가 밀집한 경남, 전남, 인천, 충남 등은 전력 자급률이 200%가 넘는 것으로 나타난다. 그러나 서울(3%), 대전(1.7%), 광주(0.5%) 등 대도시의 전력 자급률은 비교할 수 없을 정도로 낮았다. 대도시에 전기를 끌어오기 위한 송전시설이 한없이 필요할 수밖에 없는 구조인 셈이다. 구조적인 변화 없이는 밀양 송전탑 갈등과 비슷한 사례는 반복될 수밖에 없다. 사정이 이렇게 되자 정부도 우선 발전소를 짓고 나서 송·배전 계획을 짜던 그간의 관행에 문제의식을 갖게 된다.

국회예산정책처는 2013년 4월에 내놓은 보고서에서 "전력수급계획의 수립 과정에서 송배전 설비계획을 동시에 고려해 기술적·사회적 수용 가능성을 확인해야 한다"는 의견을 제시했다.[98]

그동안 정부는 1978년에 만든 전원개발 촉진법을 근거로 한국전력 등 전원개발 사업자에게 사업에 필요한 토지 등을 수용하거나 사용할 수 있는 막대한 권한을 부여해왔다. 그러나 10년 가까이 이어지고 있는 밀양 송전탑 갈등은 더 이상 이러한 권위주의적인 방식이 통하지 않는다는 메시지를 던지고 있다. 앞서 2004년 전북 부안의 중저준위 폐기물 처분장 건설 반대 투쟁이나 최근 주민투표까지 벌인 삼척 원전의 사례도 마찬가지다. 따라서 원전 사업자와 정부 쪽에서 좀 더 솔직하게 접근하는 자세가 필요하다.

현재 산업통상자원부 주도로 사용후 핵연료(고준위 폐기물) 처분을 두고 사회적 합의를 모아가려는 시도에 관심이 쏠린다. 고준위 폐기물은 중저준위 폐기물(원전 작업자들이 사용했던 장갑, 도구 등 방사능 오염도가 낮은 폐기물)보다 훨씬 위험하다. 극심한 사회적 갈등이 발생할 가능성이 많은 것이다. 결정 과정에서 또다시 지역민들이 소외된다면 제2의 부안, 제2의 밀양 사태가 발생할 가능성을 배제할 수 없을 것이다. 현재진행형인 밀양, 삼척의 저항은 더 이상 과거의 패러다임으로 전력수급 정책, 원자력 정책을 펴지 말라는 일종의 경고인 셈이다.

98) 허가형, 「제6차 전력 수급 계획의 문제점 및 개선 과제」(국회예산정책처, 2013년 4월) p.23.

사정은 외국도 마찬가지다. 미국, 프랑스, 영국 등의 사례를 기초로 중저준위 방사성 폐기물 처분장의 입지를 정하는 데 드는 갈등 비용이 9394억 원에 이른다는 연구 결과가 있다.[99] 원전 설립 단가에 이런 사회적 비용을 포함해야 한다는 주장이 나오는 이유이다.

원자력 가격 미스터리

> 다음 중 원자력으로 1kWh의 전력을 생산할 때 드는 정확한 비용(전력 생산 단가)을 고르시오.
>
> ① 48.8원 ② 47.55원 ③ 112.5원±α ④ 154.3원±α

이 문제의 정답은 몇 번일까? 우리 사회는 아직 이 문제의 정답을 찾지 못하고 있다.

①과 ②는 정부가 집계하는 원전의 발전 단가다. 산업통상자원부 산하 에너지경제연구원이 2013년 집계한 원자력의 발전 단가는 1kWh당 48.8원이다. 석탄 발전 단가(62.3원/kWh)나 LNG 발전 단가(119.6원/kWh)보다 저렴하다. ②는 전력거래소에서 밝히는 발전 단가다.[100] 역시 다른 에너지원보다 전력 생산 단가가 저렴하다.

반면 ③은 국회예산정책처의 자료를 근거로 계산한 발전 단가(추정치)이고 ④는 한국환경정책 평가연구원이 분석한 수치이다. ③와 ④

99) 허가형, 「원자력발전 비용의 쟁점과 과제」(국회예산정책처, 2014년 3월) p.87.
100) 전력거래소 전력정보 통계시스템(https://epsis.kpx.or.kr)의 2014년 7월 기준 발전 단가.

는 ①과 ②보다 2~3배 높다. 왜 이렇게 천차만별로 가격이 산정되는 걸까.

그 차이는 '원전의 드러나지 않은 비용' 때문이다. 에너지경제연구원과 전력거래소가 내놓은 수치는 그동안 우리 사회에서 통용되던 방식으로 산출한 단가이다. 대부분의 사람들은 이를 근거로 한 정부의 발표로부터 "원자력은 경제적인 에너지"라는 근거를 찾는다. 하지만 최근 들어 단가가 높아지고 있는데 여기에는 그동안 경제성을 판단하는 데 필요했던 요소들이 제대로 반영되지 않았다는 반성이 자리 잡고 있다.

우선, 정부가 밝히는 원전의 전력 생산 단가에는 폐로 비용이 반영돼 있지 않다. 한수원은 그동안 폐로 비용을 이른바 '충당부채'로 적립해왔다. 그런데 통장에 돈을 쌓듯이 기금으로 적립하는 게 아니라, 장부에만 존재하는 부채로 잡아놓는 방식이다. 2013년 말 기준 원전 폐로 충당부채는 약 9조 9000억 원에 달한다. 원전 1기당 해체 비용은 약 4000억 원으로 추정하고 있는데 이는 국제에너지기구(IAEA)의 9861억 원이나 유럽감사원(ECA)의 1조 212억 원보다 훨씬 적은 액수다.

정부는 사용후 핵연료 처리 비용, 사고 발생 시 복구 비용이 반영되어 있다고 하지만 정부 예상보다 훨씬 많은 '기타 비용'이 들 것이라는 분석이 꾸준히 나오고 있다.

현대경제연구원의 보고서는 "원전의 100% 안전 보장은 사실상 불가능하다"는 점을 전제로 원전의 발전 단가를 다시 산정해야 한다는 주장을 제기하고 있다. 1966~2012년 사이에 대형 원전 사고가 세 차례 일어났는데, 피해 복구비용은 1979년 미국 스리마일 섬 원전이 10억 달러, 1986년 구소련의 체르노빌 원전은 2350억 달러, 그리고 일본 후쿠시마 원전 사고는 5조 8000억 엔(추정치)이라는 것이다.[101]

2011년 기준 원화로 환산하고 물가 상승률을 고려하면 스리마일 섬 2조 원, 체르노빌 265조 원, 후쿠시마 81조 원으로, 원전 1기당 평균 피해 규모 액수는 58조 원에 달한다. 우리나라는 원전 사업자(한수원)의 배상 책임을 5000억 원의 유한 책임으로 규정하고, 500억 원의 손해배상 조치를 의무화하고 있을 뿐 추가적인 비용 적립이 없다. 현실적으로 원전 사고의 피해를 감당하기에는 턱없이 부족한 액수다. 이와 관련해 보고서는 "이를 초과하는 규모의 사고 발생 시 국가 재정 투입이 불가피하다. 현재 가동 중인 원전 23기 가운데 절반 이상인 12기가 설계수명 만료일이 2030년 이전에 집중돼 있어, 해체 계획 수립 및 적정 규모의 재원 확보가 필요하다"고 지적했다.

사용후 핵연료 처리도 원전에 잠복해 있는 비용이다. 일본원자력위원회는 사용후 핵연료 처리 비용을 185조 원(원전 1기당 3조 1400억 원)으로 추정하고 있다. 이를 바탕으로 한국의 처분 비용을 추정하면 약 72조 원 수준이다. 일본은 아오모리현 무쓰 지역에 5000톤 규모의 중간 저장시설을 짓고 있는데, 건설 비용만 1000억 엔(9576억 원, 현재 환율 적용)이 책정돼 있다. 우리나라의 경우 현재 1만 톤이 넘는 사용후 핵연료가 있는데, 단순 비교만 해도 2조 원에 가까운 비용이 드는 셈이다. 게다가 원전에 핵연료봉을 계속 주입하는 한 이 비용은 계속 늘어

101) 장우석, 「현안과 과제: 원전의 드러나지 않는 비용―원전 안전성 제고와 추가적인 기금 적립이 필요하다」(현대경제연구원, 2012년 11월 1일)

날 수밖에 없다. 정부의 주장과 달리 원전의 전력 생산 단가가 앞으로 가파르게 치솟을 수 있다는 것이다.

좀 더 정교하게 원전의 전력 생산 단가를 산정해볼 수도 있다. 한국환경정책평가연구원은 2013년 12월 "정부가 지원하는 보조금과 국민이 부담해야 하는 위험 회피 비용 등 원전을 유지하기 위해 드는 비용(사회적 비용)을 모두 포함해 원자력 발전의 kWh당 단가를 분석했다. 이때 내세운 분석의 근거는 '사회적 비용'이라는 개념이었다.

이 분석을 살펴보면, 우리 사회는 원전에서 생산한 1kWh의 전력을 쓰기 위해 명시적으로 정부 보조금 2.4원과 위험 회피 비용 3.0~203.1원 등의 '사회적 비용'을 치르고 있다는 것이다. 이렇게 되면 원전의 전력 생산 단가가 kWh당 54.2~254.3원까지 치솟는다. 단순하게 평균치를 내 보면 단가는 154.3원/kWh로 에너지경제연구원이 제시한 전력 생산 단가(48.8원/kWh)의 3배다.[102] 앞서 2013년 11월에 조영탁 한밭대 경제학과 교수는 "사회·환경적 비용을 포함한 원전의 발전 단가가 kWh당 95~143원으로, 석탄(88~102원), 액화천연가스(92~121원)보다 높다"는 분석 결과를 내놓기도 했다.[103]

사회적 비용에 대한 구체적인 항목을 제시한 연구도 있다. 국회예산정책처가 2014년 3월 내놓은 보고서에는 원전의 발전 원가를 산출할

102) 이창훈·이미숙·조연경·조공장·김지은, 「화석연료 대체에너지원의 환경·경제성 평가 I-원자력을 중심으로」(한국환경정책평가연구원, 2013년). 신고리원전 3·4호기와 같은 140만kW 규모의 원전을 40년 동안 연평균 80%의 가동률로 운영한 뒤 이를 폐로한다는 가정 아래, 발생하는 모든 비용을 현재 가치화해 가동 기간 중 생산할 전력량으로 나누는 방식으로 계산했다.

103) 황보연, '원전 단가, LNG보다 비싸다' 〈한겨레〉 2013년 11월 12일자 8면.

때 사고 위험 비용, 안전 규제 비용, 입지 갈등 비용, 정책 비용, 미래 세대 비용 등 사회적 비용을 고려해야 한다고 주장했다. 보고서에는 원전 비용의 복합적인 쟁점들을 언급하면서 국회 상임위원회 차원에서 '비용산정위원회'를 설치해 구체적인 논의를 하자는 제안을 내놓기도 했다.[104]

이처럼 국내에서도 원자력이 "저렴하고 안전한 에너지"라는 막연한 주장은 점점 설득력을 잃어가고 있다. 원전의 경쟁력을 제대로 알기 위해서는 전력 생산 단가부터 사회적으로 납득할 수 있는 수준으로 재산정하는 작업이 필요하다. 이를 통해 우리 사회가 원자력에 대해 좀 더 냉정하게 직시하게 될 테니 말이다.

다음은 한국환경정책평가연구원과 국회예산정책처의 비용 분석표이다.

〈원전의 사회적 비용〉(단위: 원/kWh)

외부비용		사적비용		
		기준	건설비 · 해체비 30% 인상	건설비 · 해체비 50% 인상
		48.8	56.9	62.2
1. 정부보조금	2.4	51.2	59.3	64.6
2. 중대사고피해(위험중립)	0.2~16.1	49.0~64.9	57.1~73.0	62.4~78.3
3. 중대사고피해(위험회피)	3.0~203.1	51.8~251.9	59.9~260.0	65.2~265.3
4a. 일반적 위험회피(CVM)	3.8~6.3	52.6~55.1	60.7~63.2	66.0~68.5
4b. 주변지역 위험회피(CVM)	52.1~94.9	100.9~143.7	109.0~151.8	114.3~157.1

출처: 한국환경정책평가연구원「화석연료 대체에너지원의 환경 · 경제성 평가－원자력을 중심으로」

104) 허가형,「원자력발전 비용의 쟁점과 과제」(국회예산정책처, 2014년 3월)

〈원자력발전 비용분석〉

구분	세부항목	내역
직접비용	발전원가	43.02~48.8원/kWh
사회적 비용	사고위험비용	총사고비 58조~343조 원(0.08~59.8원/kWh)
	안전규제비용	안전규제 강화에 따른 건설비 및 운전유지비 증가(신규 원자력발전소 안전설계 수준에 따라 달라짐) 후쿠시마 사고대응비용 9,194억 원 (2014~2015년)
	입지갈등비용	중준위 방폐장 입지갈등비용(~2013년) 9,395억 원 고준위 방사성폐기물 처분장 입지갈등비용
		고압 송전선로 경과지의 입지선정 시 갈등 신규 원전 1기당 송전선로 건설 관련 비용 4,037억 원(신규 원전부지에 230km 구간 765kV 설치 가정)
	정책비용	2013년 재정사업비 5,169억 원(3.9원/kWh)
	미래세대비용	고준위 방사성폐기물 처분장의 국토손실비용

출처: 국회예산정책처 「원자력발전 비용의 쟁점과 과제」

5부

2035년 원전의 미래

에너지 기본계획은 멈추지 않는다

아수라장 에너지 공청회

아수라장이었다. 2013년 12월 1일, 서울 강남구 삼성동 한국전력 대강당 안에서는 고성이 오고 갔다. 산업통상자원부 주최로 제2차 에너지 기본계획 공청회가 열린 이곳에서는 정부 정책에 반대하는 시민사회단체 관계자들과 이들을 저지하려는 경찰 사이에서 충돌이 벌어졌다. 정부가 국회 산업통상자원위원회에 "2035년까지 원전 비중을 전체 에너지원에서 29% 수준으로 유지하겠다"는 내용을 뼈대로 한 '제2차 에너지계획'을 제출한 상태였다.

간단한 설명으로는 이날 벌어진 혼란을 제대로 이해하기 어렵다. 대다수의 사람들은 "도대체 29%가 뭐기에"라는 반응이 나올 법하다. 그러나 이 29%는 우리가 생각하는 것 이상의 의미를 가진 수치일 수 있다.

수치의 의미를 이해하려면 우선 제2차 에너지 기본계획의 내용을 살펴봐야 한다. 박근혜 정부는 2014년 1월 14일 열린 국무회의에서 2035년까지 우리나라의 에너지 정책의 기본 방향을 담은 제2차 국가 에너지 기본계획의 내용을 확정 지었다. 논란 속에서 공청회가 진행된 지 한 달 만의 일이다.

제2차 국가 에너지 기본계획은 제목 그대로 우리나라의 에너지 정책의 밑그림을 그리는 장기 계획이다. 이른바 국가 에너지의 '포트폴리오'다. 20년을 내다보면서 짜는 이 기본계획에는 석유 · 가스 등 화석연료의 비중을 어떻게 할지, 원자력 · 신재생에너지 등 전력 체계를 어떻게 짤지 등의 내용이 담긴다.

이날 관심이 집중된 건, 바로 원전의 비중이었다. 이명박 정부가 녹색성장을 내세워 원전의 비중을 41%까지 올리겠다고 한 뒤, 일본 후쿠시마 원전 사고가 터졌고 국내에서는 원전의 안전성을 둘러싼 논쟁이 한창이었다. 대통령 선거 당시까지 내놓지 않았던 박근혜 대통령의 입장이 담겨 있기 때문이었다.

결론부터 말하자면 박근혜 정부는 원전 확대에 힘을 실었다. "2035년까지 전력 설비에서 원전이 차지하는 비중을 현재 26.4%에서 29%까지 높이겠다"고 했기 때문이다. 이명박 정부의 목표치보다는 낮기에 얼핏 원전을 줄이겠다는 것처럼 보인다. 그러나 이는 원전 비중은 줄지만, 원전 수는 사실상 줄이지 않는 '마술'이었다. 이명박 정부 때와 같은 급격한 확대는 아니지만, 사실상 지속적인 '원전 진흥책'이었던 것이다. 정부는 "전력 수요와 원전 비중이 동시에 늘어남에 따라 현재 20.7GW인 원전 설비 용량이 2035년까지 43GW로 늘어나야 한다"며 현재 보유하고 있는 원전 23기 외에 건설 중이거나 건설계획이 나와 있는 11기에 더해 최소한 5기(150만kW급 기준)의 신규 원전을 짓겠다는 것이었다. 이에 따르면 2035년 우리나라의 원전은 39기 이상으로 늘어나게 된다. 환경 · 시민단체 등이 크게 반발할 수밖에 없는 이유다.

원전의 비중이 높아진 것에 대해 당시 정부는 "전력 수요의 증가"를 이유로 들었다. 2011년 3910만TOE였던 전력 수요가 2035년에 들어서는 7020만TOE까지 늘어날 것이라는 예측이 나왔기 때문이다. 그러나 정부는 전기요금 인상 등을 통해 전망치보다 15%를 줄여 27% 수준으로 억제하겠다는 계획도 밝혔다. 그러나 태양광, 풍력 등 신재생에너지의 비중은 1차 계획 때와 마찬가지로 전체 전력원의 11% 수준으로 확정됐다.

이날 정부는 앞으로 더 지어야 할 원전 기수 등은 확정하지 않았다. 전력수급 전망과 고리원전 1호기와 월성원전 1호기 등의 계속운전 여부가 변수로 남아 있기 때문이다. 이에 따라 구체적인 원전 건설안은 2015년 초 발표하는 7차 전력수급 기본계획 등이 나와 봐야 명확하게 드러날 것으로 보인다.

에너지 기본계획과 수요 예측

에너지 기본계획이 처음 등장한 건 김영삼 정부 시기인 1996년이다. 1960년대 이후까지만 해도 발전소를 세워 전력을 공급하는 데 급급했던 탓에 장기적인 계획을 짤 여유가 없었다. 사실 우리나라 정부 초기에 에너지청이 있었지만, 수요 조절보다는 전력 생산 등에 초점이 맞춰져 있었다. 에너지청은 그 뒤 동력자원부로 바뀌었고, 김영삼 정부에 들어서면서 상공부와 통합해 상공자원부(지금의 산업통상자원부)로 개편됐다.

에너지 기본계획의 필요성이 대두된 것은 한동안 석탄연료 의존도가 높아지고 석유파동의 직격탄을 맞으면서부터였다. 당시에는 10년 단위로 큰 계획을 짜고, 5년마다 수정하는 방식이었다. 2002년, 2007년, 이런 식으로 5년 단임제 정부의 출범에 맞춰 계획을 수립했다.

그러던 것이 이명박 정부 들어서 에너지 기본계획 수립 방식이 크게 바뀌게 됐다. 기존에 10년 단위로 세우던 계획을 20년 단위로 늘린 것이다. 보다 장기적으로 에너지를 관리하자는 게 이유였지만, 정작 이명박 정부가 내놓은 '제1차 에너지 기본계획'에는 석유 · 석탄 등 화석연료 의존도를 줄이고, 원전을 전체 발전설비 가운데 41%까지 늘리는 내용이 담겨 있었다. 이른바 '원전 르네상스'의 시작이었다.

정권이 바뀔 때마다 에너지 정책이 흔들리자 여기에 대한 비판이 이어졌다. 이명박 정부의 '제1차 에너지 기본계획'은 국민의 참여가 배제된 상태에서 짜인 탓에 '에너지 민주주의'가 이뤄지지 않았다는 비판도 제기됐다. 한 나라의 중장기 에너지 정책이야말로 국민 생활과 밀접한 관련이 있기 때문에 민 · 관의 합의가 중요하다. 정부가 에너지 정책을 어떻게 세우느냐에 따라 전기요금이 달라진다. 고향 마을에 원전이 들어설 수도 있고, 반대로 친환경적인 태양광 발전소 단지가 생길 수도 있다.

이러한 비판을 의식한 듯, 박근혜 정부는 2013년 에너지 기본계획 초안 작성을 위해 학계 · 산업계 관계자 등 60여 명으로 이루어진 '민관합동 워킹그룹'에 시민단체 인사의 참여를 제안했다. 이에 따라 그동안 정부의 에너지 정책에 비판적이었던 환경단체 쪽에서도 대거 참여하게 됐다. 박근혜 정부로서는 파격적인 제안을 한 셈이다.

그러나 성과는 '기대 이하'였다. 여기에 참여했던 시민단체 인사들은 투명하지 못했던 논의 과정을 폭로했다.

> 민관 워킹그룹의 권고안 발표 이후 정부는 사실상 아무것도 하지 않았다. 민관 워킹그룹에서 논란 끝에 합의하지 못했던 에너지 수요 전망에 대한 사회적인 논의부터 시작했어야 했지만, 이와 관련한 토론회 한 번 개최하지 않았다. 정부는 원전 비중을 비롯해 에너지믹스 전반에 대한 국민 수용성 조사를 제안했던 민관 워킹그룹 원전 분과의 권고는 물론, 2035년 신재생에너지 보급 목표를 15%까지 상향조정해야 한다는 신재생에너지 분과 위원들의 의견도 묵살했다. 원전을 더 이상 건설하지 말아야 한다는 국민 대다수의 목소리를 듣기보다는 원전 비중 축소로 피해를 보는 집단의 입장을 대변해 권고안에 포함된 원전 비중의 최대치인 29%를 그대로 가져간다는 입장이다. 전기요금 인상안을 발표하기는 했지만 전기 다소비 업계의 눈치를 보느라 수요 관리 중심의 정책 전환이라는 목표 달성에는 턱없이 부족한 단기 처방에 불과하다.[105]

---

105) 제2차 에너지 기본계획 민관 워킹그룹 참여자(김태호 에너지나눔과평화 사무총장 · 석광훈 에너지시민연대 정책위원 · 안병옥 기후변화행동연구소장 · 양이원영 환경운동연합 에너지기후팀 처장 · 윤기돈 녹색연합 사무처장 · 이상훈 녹색에너지전략연구소장) 성명서 「2차 에너지 기본계획 정부안 발표에 즈음하여 민관 워킹그룹 참여 시민단체 위원들의 입장」(2013년 12월 9일)

2011년 일본 후쿠시마 원전 사고와 국내에서 벌어진 원전 비리 등으로 원전 운영에 대한 공론화 작업이 필요했음에도 업계의 입김으로 제대로 이뤄지지 않았다는 것이다. 민관합동 워킹그룹이 다섯 달 동안 분야별 토론을 거쳐 내놓은 보고서가 빛을 잃는 순간이었다.

탈핵 · 찬핵, 어쨌든 수요 조절부터

환경단체에서는 오래전부터 수요 관리에 초점을 맞춘 에너지 정책을 요구해왔다. 그동안 우리나라의 에너지 정책이 과도하게 수요를 전망한 뒤, 여기에 맞춰 발전시설을 늘리는 식의 패턴을 반복해왔기 때문이다. 이러한 흐름은 기업이나 가정의 에너지 소비를 늘려 또다시 발전소를 지어야 하는 악순환에 빠지게 만들었다. 우리나라는 경제협력개발기구(OECD)의 34개 회원국 가운데 최종 에너지 소비가 6번째로 많은 에너지 대국이다.[106] 그럼에도 정부는 에너지 수요를 조절하기보다는 싼 전기를 좀 더 많이 쓰도록 장려한다. 이에 대해 김익중 원자력안전위원회 비상임위원(동국대 의과대학 교수)은 "마치 맛있는 반찬을 차려 놓고 먹지 못하게 막는 것처럼 우스꽝스러운 짓이다"라고 비유하기도 했다.[107]

정부의 수요 관리가 왜 중요한지는 2013년 여름의 사례를 통해서 알 수 있다. 한국전력의 6월 전력통계속보 자료를 보면, 2013년 6월

106) International Energy Agency, 「Energy Balances of OECD Countries 2011」.
107) 김익중, 『한국탈핵』(한티재, 2013년) p.230.

당시 전체 발전량 대비 원전의 발전량이 24.2%까지 떨어졌다. 당시 제어케이블 비리 사건이 터지면서 해당 부품을 쓴 원전이 무더기 정지돼 나타난 결과였다. 그동안 원전 비중은 1985년 8월(16.8%) 이후 매월 25~30%를 유지해오다가 28년 만에 25% 아래로 떨어진 것이었다.

원전이 멈춰 서자 정부는 "당장 6월부터 심각한 전력난이 올 수 있다"고 내다봤다. 불량 제어케이블 조사를 위해 멈춘 3기의 원전을 비롯, 고장 · 계획정비 등의 이유로 국내 23기 원전 가운데 10기가 가동을 멈춘 상황에서 여름철 전력 수요를 감당하기 어렵다고 본 것이다.

하지만 예상과 달리 전력 상황은 위기를 겪지 않았다. 6월 한 달 동안 12차례 전력 경보가 발령됐지만 사전에 마련한 대책으로 대응할 수 있는 수준이었다. 6월 원전 발전량은 지난해 같은 달(1만 2770GWh)보다 23.3% 감소한 9798GWh였다.

산업통상자원부는 "지난해 6월보다 평균기온이 1.6℃ 올라 냉방 수요가 늘었고, 석유화학 · 반도체 등 전력 다소비 업종의 수출이 늘어 전력 판매량이 늘었다"고 설명했다. 하루 중 전력을 가장 많이 쓰는 시간대인 오후 2~5시의 피크 시간대 평균 전력소비도 전년 대비 평균 약 1.5% 증가한 것으로 나타났다. 원전의 공급량이 감소한 가운데, 전력소비가 지난해보다 늘었지만 '별일' 없이 6월을 넘긴 것이다.

당시 상황에 대해 이헌석 에너지정의행동 대표는 "6월은 특수한 상황으로, 원전이 재가동되고 전력 소비가 많은 8월이 되면 원전 발전량이 다시 증가할 것이다. 하지만 역설적으로 우리 사회의 원자력 비중을 현재보다 낮출 수 있는 여지가 있다는 것을 보여주기도 했다"라고 말했다.

그러나 이 기간 석탄 · 액화천연가스(LNG)를 사용한 발전량이 지난해 같은 달보다 각각 7.3%, 16.1% 늘어났다. 원전을 '기저발전'(기본으로 돌리는 발전소)으로 삼고 있는 우리나라 전력 공급 구조상 원전 가동 중단은 추가 비용 발생으로 이어질 수밖에 없다. 당시 한국전력과 전력거래소는 LNG, 경유 등을 이용한 대체 발전으로 9000억~2조 원의 손실이 발생한 것으로 추산했다. 원전에 기댄 결과로 발생한 '원전 리스크' 비용인 것이다.

양이원영 환경운동연합 에너지기후팀 처장은 "지금의 전력난은 전력소비가 치솟는 하루 2~3시간 때문에 발생하는데, 이를 위해 24시간 가동해야 하는 원전은 효율적이지도 않고 운영에 따른 위험부담과 비용이 크다"고 말했다. 100만kW급 원전이 불시에 사고나 고장으로 멈출 경우 전력 수급에 치명적인 타격을 주는 데다, 재가동은 적어도 2~3일이 걸리기 때문에 전력 피크타임이 존재하는 우리나라의 환경에서 원전이 결코 탄력적인 전력 공급원이 아니라는 지적이 제기되는 이유다.[108]

한국원자력산업회의의 조사를 보면, 2012년 기준 국내 원전 이용률은 82.3% 수준에 머물고 있다. 2000~2013년 평균 원전 이용률(91.5%)보다 낮은 수치다. 원전이 점점 노후화되면서 정지되는 기간이 늘어나고, 원전 비리 등의 리스크로 안전성에 대한 우려가 커지면서 이용률도

108) 이승준, '원전 10기 멈췄어도 6월 불볕 넘겼다' 〈한겨레21〉 2013년 8월 12일 제973호.

예전 같을 수 없다는 점을 보여준다. 원전의 연간 발전량 비중도 1999년(39.3%) 이후 꾸준히 낮아지고 있다.[109] 결국, 적절한 수요 관리 없는 원전 중심의 에너지 정책으로는 감당이 어렵다는 얘기다.

109) 한국원자력산업회의, 「제17회 원자력산업 실태조사보고서」(미래창조과학부, 2013년).

대기업 원전의 등장

원전 민영화의 속내

원전은 국가 기간시설(infrastructure)이다. 그만큼 운영을 하는 데 있어서 각종 안전과 공익을 추구해야 한다는 것이다. 정부가 원전 운영에 적극 개입하는 이유다. 그런데 이런 원전을 정부가 아닌 민간기업이 운영하게 된다면 어떻게 될까?

원전 운영권을 민간기업이 갖는 나라들은 생각보다 많다. 세계원자력협회(WNA)의 자료를 보면, 사기업이 원전의 운영권을 두고 경쟁하는 나라는 독일, 스페인, 미국, 캐나다, 일본 등 13개국이다. 그 밖에 우리나라를 포함해 영국, 프랑스, 러시아, 인도, 대만, 중국 등 20개국은 공기업 또는 사기업의 독점체제로 원전 운영을 하고 있다.[110]

---

110) 세계원자력협회 홈페이지(http://www.world-nuclear.org/info/Current-and-Future-Generation/Cooperation-in-Nuclear-Power) 참조.

원전 운영의 주체 문제는 에너지 정책과도 맞물려 있다. 원전의 경제성, 안전시스템, 시설 투자 비용 등을 따져서 판단해야 하기 때문이다.

우리나라의 경우, 정부가 지분을 소유하고 있는 한수원은 2013년 기준 모두 26조 7000억 원의 부채를 가지고 있다. 이렇게 빚이 많은 이유는 전기료가 싸기 때문이다. 정부가 경제에 미칠 영향을 우려하여 전기요금을 올리지 못하고 공기업인 한수원이 회사채 등 채권발행 등으로 떠안은 것이다. 한수원이 그토록 비용 절감을 외치는 이유이기도 하다.

'원전 르네상스'를 외친 이명박 정부도 이런 문제를 충분히 인식하고 있었다. 당시 한수원은 국내 원전은 물론 UAE 등 해외 원전에도 엄청난 돈을 써야 했기 때문이다. 정부 차원에서 한수원의 재무구조를 개선하기 위한 대안 모색이 분주하게 이뤄졌다. 이러한 고민은 지식경제부의 용역보고서에 자세히 등장한다.[111]

보고서는 원전 건설과 운영에 민간기업을 참여시키도록 하는 방안을 상세히 다루고 있다. 예컨대 한수원이 중심이 돼 이른바 '특수목적법인'(SPC)이나 별도의 원전 전문 업체를 세워 한수원의 인력과 각종 운영 시설 등을 쪼개는 방안을 소개한다. 보고서는 "한수원의 장기적인 재무구조 악화는 불가피한 상황이지만 차입에 의한 재원 조달 방식은 2015년까지만 유효하다"고 판단하고 있다. 민간 자본이 들어와야 한다는 얘기다. 이에 대해 보고서는 "전력시장의 공정 경쟁 환경을 만들기 위해 한수원의 시장 지배력을 약화시켜야 한다는 점도 민자 원전 추진 방안을

111) 노동석 · 김현제 · 박찬국(에너지경제연구원), 조성한 · 남기모 · 장혜원(자원경제학회), 「원전산업 선진화를 위한 민간참여 타당성 연구」(지식경제부 · 에너지경제연구원, 2012년 10월)

검토하게 된 배경이다"라고 설명했다.

한수원의 재무구조 악화는 보고서의 통계 수치로 짐작할 수 있다. 한수원이 2011~2024년까지 투자해야 하는 신규 원전 건설, 원전 연료, 기타 시설 보강 등에 소요되는 비용만 115조 원에 이르기 때문이다. 이 기간 동안 모두 76조 원의 부족 자금이 발생하고, 차입금 잔액도 2011년 6조 9000억 원에서 2024년에는 43조 9000억 원까지 늘어날 것으로 내다보고 있다. 부채 비율만 246%에 달하게 되는 것이다.

보고서에서는 이에 대한 해법으로 한수원이 50% 이상의 지분을 소유하고 민간회사와 지자체, 지역주민조합이 지분 참여하는 방식의 특수목적법인(SPC) 설립을 제안하고 있다. 이는 간단히 설명하면 이른바 '페이퍼 컴퍼니'(서류상으로만 존재하는 회사)다. 조세회피처의 사례처럼 부정적인 경우도 있지만, 모두 그렇지는 않다. 예를 들어, 서울시가 지하철 9호선 공사를 추진하거나 서울 우면산 터널 공사를 진행할 때 정부와 기업 등이 참여해 세운 SPC가 시공사로 나선 바 있다. 2015년까지 법인 설립을 마치고 2025년 준공을 목표로 하는 원전의 건설을 특수목적법인에 맡긴다는 것이다.[112]

일본원자력발전은 1957년 설립돼 현재 총 3기의 원전을 보유하고 있다. 주주의 구성은 도쿄전력이 28.2%의 최대 지분은 소유하고 있고 다음으로 간사이 18.5%, 주부 15.1% 등 전력회사들과 (주)히타치제

112) 이 전망은 보고서가 작성될 당시 1차 국가 에너지 기본계획과 5차 전력수급기본계획 상의 원전 비중을 기준으로 산출한 내용이다. 따라서 신규 원전 건설 계획이 일부 유보된 6차 전력수급계획을 기준으로 본다면 차이가 있다.

작소, (주)미즈호 코퍼레이트 은행, 미쓰비시중공업 등 비전력 회사들이 각 1% 이하의 지분을 소유하고 있다. 원전에 대한 한수원의 독점적 지위를 탈피하고자 하는 취지에서라면 일본의 사례가 참고가 될 수 있다.

원전사업의 경쟁을 유도하고 효율성을 추구하기 위해 한수원을 다수의 회사로 물적 분할하는 대안도 가능하다. 한수원 분할의 대안은 분할 예상시기의 원전의 시장점유율, 지역별 원전의 특성, 해당 지역의 수용성 등을 고려하여 최소 2개에서 최대 4개로 분할할 수 있겠다.[113]

일본의 사례처럼 한국전력을 비롯한 전력 그룹사와 민간 회사들이 함께 출자해 별도의 원전 회사를 설립하는 방안도 있다. 어쨌든 기업들의 자금으로 한수원의 비용 부담을 줄이자는 것이다.

그 밖에 한수원의 주식을 상장해 부채를 줄이는 방안을 제시하고 있다. 기업공개를 통해 민간 투자를 유치한 뒤 인적 분할을 할 필요가 있다는 것이다. 그러나 이 방안은 민간의 한수원 경영 참여로 인해 '민영화' 논란이 벌어질 여지가 있다. 비록 정부가 공공성을 담보하기 위해 51%의 지분을 확보한다는 단서 조항을 내걸고 있긴 하지만, 민간 주주들의 입김을 무시할 수 없기 때문이다.

물론 이러한 한수원 개편안은 시행에 옮겨지지 않았다. 그러나 원전시장에 불황이 닥쳐올 경우, 언제든 정부가 꺼낼 수 있는 카드이기는 하

113) 노동석 · 김현제 · 박찬국(에너지경제연구원), 조성한 · 남기모 · 장혜원(자원경제학회), 「원전산업 선진화를 위한 민간참여 타당성 연구」(지식경제부 · 에너지경제연구원, 2012년 10월) p.133.

다. 시민단체 에너지정의행동은 이러한 한수원 개편안에 대해 다음과 같이 비판했다.

> 정부는 2000년대 초 전력산업 구조개편을 통해서 이미 한전을 분할했다. 이를 통해 한수원과 5개 발전 자회사가 만들어졌지만, 당시 정부가 말하던 '경쟁'이 만들어지기보다는 사장 등 임직원의 숫자만 늘고 조직만 방만해졌다는 비판이 이어졌다. 한수원 분할이 건설과 운영을 분리하는 것이든, 발전소별로 분리하는 것이든 결국 '조직 부풀리기'와 '자리 만들기'로 이어질 수밖에 없다는 것도 이와 같은 맥락이다.[114]

포스코의 민자 원전 시도

민간 자본의 원전시장 진출은 논란이 있다. 사업의 효율성을 높이고 원전 운영 경험을 쌓아 해외 수출 사업을 벌일 수도 있다며 찬성하는 측도 있지만, 반대의 목소리도 만만치 않기 때문이다.

가장 큰 문제점은 "경제논리가 안전성에 우선할 가능성"이다. 이윤을 우선으로 하는 민간 자본이 경영에 개입할 경우 안전을 담보할 수 없다는 것이다. 사업자 간 담합으로 경쟁은커녕 전기요금만 오를 가능성도 있다. 이명박 정부의 4대강 사업이 좋은 예다. 당시 건설사들이 담합을

114) 에너지정의행동 성명서 「한수원 분할과 산업부 관리감독 기능 강화, 엉뚱한 방향으로 나가는 한수원 비리문제」(2014년 4월 11일)

통해 입찰한 사실이 알려져 공분을 산 일이 있다. 국민의 혈세로 진행되는 대규모 건설사업에서 벌어진 비리가 원전시장에서는 일어나지 말라는 법이 없다.

이러한 논란에도 민자 원전은 이미 한 차례 시도가 있었다. 대기업인 포스코가 2010년 원전 2기를 짓겠다는 '건설 의향서'를 정부에 제출한 바 있기 때문이다. 당시 포스코의 자회사인 포스코건설은 강원 삼척시에 예정돼 있던 발전소 부지 안에 280만kW 규모의 원전 2기를 건설하겠다는 의향서를 제출한 것으로 알려져 있다. 당시 삼성물산도 원전사업을 적극적으로 검토한 것으로 알려졌지만 건설 의향서는 내지 않았다.

포스코는 원전 운영사업 진출을 선언하기 전까지 정부의 중소형 원자로 개발사업에 참여하는 등 꾸준히 준비해왔다. 사업에 진출하려면 대규모 자본뿐만 아니라 전문성이 필요하기 때문이다. 포스코는 민간 화력발전시설과 신재생에너지사업을 하고 있던 포스코에너지를 통해 기업 인수합병(M&A)도 진행했다. 2011년 8월 계열사인 포스코ICT를 통해 우리나라 원전 통합계측제어시스템(MMIS)의 정비 시장에서 큰 영향력을 발휘하던 삼창기업의 원전사업 부문을 약 1400억 원에 인수해 '포뉴텍'(PONUTech)이라는 회사를 세운다.

그러나 '포스코 원전'의 가능성은 일본 후쿠시마 사고로 백지화됐다. 정부는 2013년 2월 제6차 전력수급 기본계획을 확정하면서, 한수원이 삼척 · 영덕 지역에 짓기로 한 원전 4기의 건설 계획을 제2차 에너지 기본계획 뒤로 미루고, 포스코건설이 내놓은 민자 원전 의향서는 아예 검토 대상에서 제외했다.

사기업일수록, 내각제일수록 폐로가 쉽다?

그렇다면 원전을 민영화하는 것이 무조건 나쁠까. 이에 대해 원전의 민영화가 신속한 폐로를 결정하는 데 도움이 될 수 있다는 주장도 있다. 정치적 판단이 아닌 경제적 판단이 나올 수도 있다는 것이다. 원전 사고를 겪은 뒤, 폐로를 결정한 원전 대부분이 사기업 소유라는 분석이 이러한 논리를 뒷받침한다. 실제로 원전을 운영하거나 한때 사용했던 34개국 가운데 사기업이 원전을 소유한 독일, 벨기에, 네덜란드 등 13개국은 시기적으로 차이는 있지만 원전의 단계적 폐쇄를 결정한 바 있다. 반면 원전 확대를 정책으로 내세우고 있는 한국, 일본 등은 정부가 원전을 소유하거나, 사기업이더라도 독점적인 운영권을 부여받는다는 특징이 있다.

정치 체계에 따라서 차이가 날 수도 있다. 연구에 의하면 합의제 민주주의 모델을 채택하고 민간기업의 경쟁적 운영을 중요하게 생각하는 나라에서는 원전을 포기하는 경우가 많고, 원전을 독점적으로 운영하고 경쟁 민주주의 모델인 경우에는 원전 확대 정책으로 가는 경향이 있다는 것이다.[115]

실제로 원전의 단계적 폐쇄를 결정한 독일, 스웨덴, 오스트리아 등은 국민투표 등 사회적 합의 과정을 거쳐 탈핵을 결정했다. 이는 합의를 통한 민주주의가 그 힘을 발휘한 사례다. 그러나 우리나라와 같은 강력한

115) 김수진 · 오수길 · 이유진 · 이헌석 · 정용일 · 정희정 · 진상현, 『기후변화의 유혹, 원자력』(도요새, 2011년), 8장 원자력 정책에 대한 몇 가지 가설, pp. 166~191

대통령중심제 국가 안에서는 탈핵에 대한 결정이 쉽지 않다. 국민이 아무리 반대를 해도 원전을 폐쇄하려면 집권당이나 대통령의 결단을 기대해야 하는 '험난한 과정'을 피할 수 없다. 강력한 대통령제 하에서 정부 주도로 원전 운영이 이뤄지는 우리의 상황에서 어떻게 민의가 반영될 수 있을지 고민해봐야 할 대목이다.

유럽, 탈핵 그 후

독일의 17인 윤리위원회

일본 후쿠시마 원전 사고가 벌어진 지 한 달 남짓 지난 2011년 4월 28일 오전이었다. 독일 공영방송 채널 〈피닉스〉에서는 무심하게 베를린 시내의 한 회의장을 비추고 있었다. 이날 TV 화면에 등장한 이들은 독일의 '안전한 에너지 공급을 위한 윤리위원회' 위원들이다. 17명의 위원들은 이날 하루 종일 28명의 에너지 관련 전문가들과 함께 원전 운영 등을 포함해 독일의 에너지 정책 방향에 대한 토론을 주고받았다. 11시간 동안 이어진 토론회의 모든 과정은 TV 생중계로 전해졌다. '대하드라마'와 맞먹는 토론회였다.

이날 독일에서 벌어진 토론은 국내의 원전 관련 전문가들 사이에서도 큰 관심거리였다. 국내에서는 이른바 '17인 윤리위원회'라고 불린

이 위원회의 구성도 화려했기 때문이다. 위원장은 클라우스 퇴퍼 전 환경부 장관이 맡았으며, 국내에도 잘 알려진 『위험사회』를 쓴 사회학자 울리히 벡 뮌헨대 교수, 그리고 독일 화학기업 바스프(BASF)의 위르겐 함브레히트 회장 등 독일의 정치 · 경제 · 사회 그리고 종교단체 등을 포괄하는 다양한 이들이 참여했다.

이날 모인 17인 윤리위원회는 앙겔라 메르켈 독일 총리의 초청으로 결성됐다. 일본 후쿠시마 원전이 폭발한 사고가 벌어지자 메르켈 총리는 앞으로의 원전 운영과 독일의 에너지 정책에 대한 의견을 구하고자 각계 전문가들을 초빙한 것이었다.

메르켈 총리는 독일 라이프치히대학 물리학과 출신으로, 정치에 입문하기 전 동독의 물리화학연구소 양자화학부에서 일하던 물리학자였다. 전문가 출신인 그조차도 후쿠시마 사고를 지켜본 뒤 핵연료기술에 대한 그동안의 믿음이 뿌리째 흔들렸다는 이야기를 한다.

그가 후쿠시마 원전 사고를 접한 시점으로 돌아가보자. 메르켈 총리가 일본 후쿠시마 원전 사고에 대해 보고받은 건, 브뤼셀 정상회담 중이었다. 그는 어마어마한 수소폭발 장면을 아이패드로 지켜봤다.

"나는 개인적으로, 그때까지 이론에 불과하다 여겼고, 그렇기 때문에 책임질 수 있다고 여겼던 위기가 실제로 발생할 거라곤 예상하지 않았습니다."

메르켈은 독일의 한 언론과의 인터뷰에서 이렇게 말했다. 재난 발생 3일째 되는 날, 그는 독일 원자력발전소의 가동기한 연장을 취소했다. 이제까지의 에너지 정책을 완전히 뒤집었으며, 이는 당시 연정과 산업에 반하는 강력한 행동이었다.[116]

그렇게 출발한 위원회는 8주 동안 전 국민에게 공개된 채 100차례가 넘는 토론·공청회를 열었다. "정부의 들러리가 될 것"이라며 위원회 참여를 거부한 녹색당과 독일 환경단체 분트(BUND), 그린피스의 예상과 달리 위원회는 전향적인 결론을 내렸다.

"2022년까지 모든 원전을 폐쇄해야 한다."

위원회의 설득이 컸다. 메르켈 총리는 위원회의 결론을 반영해 독일 내 모든 원전의 수명연장 정책을 폐기한다. 독일이 탈핵 국가로 첫발을 내딛는 순간이었다.

우리나라뿐만 아니라 전 세계에서 이러한 독일의 행보는 단연 눈에 띄었다. 과거 체르노빌 원전사고로 피해를 본 경험이 있는 독일은 1980년대 동맹90/녹색당이 사민당(SPD)과의 연정에 성공했으며, 1988년에는 뮐하임-케를리히 원전의 가동 중지를 이끌어내기도 했다. 2002년 사민당과 연정을 통해 재집권한 녹색당은 신규 원전의 건설 중단과 기존 원전 폐쇄라는 정책을 이끌어내기도 했다. 그러나 2009년 선거에서 승리한 기독민주당(CDU)의 메르켈 총리는 다수당의 힘을 앞세워 원전 수명을 평균 12년 연장하는 정책을 결정한다. 그랬던 그가 "우리에겐 안전이 무엇보다 소중한 가치다"라고 말하며 자신의 결정을 번복하고 탈핵을 결정한 것은 그 자체로 전 세계의 눈길을 끌기 충분했다.

그러나 유럽에는 탈핵 국가들만 존재하는 건 아니다. 나라별로 원자

116) 슈테판 코르넬리우스 지음 · 배명자 옮김, 『위기의 시대 메르켈의 시대』(책담, 2014년) p.219.

력을 바라보는 속내가 복잡하기 때문이다. 국제원자력기구 발전원자로 정보시스템(IAEA PRIS) 자료를 보면, 2014년 10월 기준으로 서유럽 지역의 원자로 개수는 117개로 북미(119개) 다음으로 많다. 국가별 통계에서도 상위 20개 나라 가운데, 12개국이 유럽이다. 대표적인 원전 제조업체인 아레바(Areva)가 있는 프랑스의 경우, 58개의 원자로를 가동하고 있어 미국 다음으로 많다.

이런 유럽이 탈핵을 고민하는 이유는 과거의 기억 때문이다. 덴마크, 독일, 오스트리아 등은 체르노빌 원전 사고 때 바람을 타고 날아온 방사능 물질로 큰 피해를 입었다. 직접적인 피해 당사자로서 이들의 기억이 후쿠시마 원전의 원자로가 폭발하는 광경을 옆에서 지켜본 우리의 그것보다 훨씬 선명할지도 모른다.

솔라 분데스리가의 등장

2014년 브라질 월드컵이 한창일 때, 에너지기업의 홍보전도 뜨거웠다는 사실을 아는 사람은 그리 많지 않다. 당시 브라질 쿠이아바의 판타나우 경기장에서는 브라질 월드컵 조별리그 H조 1차전 한국과 러시아의 경기가 열렸다. 이날 중계 화면에는 나오지 않았지만, 선제골을 넣은 한국 축구팀이 골 세리머니를 하는 동안 배경에는 중국의 대표적 태양광모듈 생산업체 '잉리솔라'(Yingli Solar)의 광고판이 환하게 비추고 있었다.

4년마다 열리는 월드컵의 광고전은 매우 치열하다. 국제축구연맹(FIFA)은 우리나라의 현대 · 기아자동차를 비롯해 아디다스, 코카콜라,

에미리트항공, 소니, 비자카드 등 6개 기업에만 독점적 마케팅의 권한을 주고 있다. 이른바 'FIFA 공식 파트너'다. 이보다 작은 규모로 후원하는 '월드컵 스폰서'에는 맥도날드, 존슨앤드존슨 등 8곳이 있다. 잉리솔라도 그중 하나로 우리에겐 아직 낯선 이름이다. 올해로 14년 된 잉리솔라는 중국 허베이성에 본사를 둔 업체로 2007년 미국 뉴욕 증시에도 상장한 대형 태양광기업이다.

잉리솔라가 월드컵 스폰서가 된 가장 큰 이유는 브라질 월드컵 경기장 바깥에서 찾을 수 있다. 이 기업은 리우데자네이루에 있는 마라카낭 경기장과 쿠이아바에 있는 판타나우 경기장의 태양광 설비를 맡았다. 마라카낭 경기장은 그 자체로 하나의 발전소이다. 지붕 위에 1556개의 태양광 패널로 240가구가 한 해 동안 쓸 전기를 만들며, 판타나우 경기장 옆에 만든 태양광시설은 경기가 있는 날 필요한 전력의 30%를 담당한다.[117]

알고 보면 축구와 태양광은 깊은 상관관계가 있다. 독일, 스페인 등 유럽의 축구 강국이 모두 태양광 산업의 선두주자이기도 하기 때문이다. 그 때문에 태양광업체의 축구 마케팅이 자연스레 이어진다. 국내의 대표적 태양광업체인 한화그룹의 한화솔라는 손흥민이 뛰던 독일 분데스리가 소속 함부르크SV와 이청용 선수가 뛰던 영국 프리미어리그 볼턴을 후원하면서 마케팅을 했다. 그만큼 세계적으로 신재생에너지 관련 사업이 보편화돼 있다는 의미이기도 하다. 아직까지 신재생에너지의 불모지로 여겨지는 우리나라 분위기와는 사뭇 다르다.

---

117) 잉리솔라 홈페이지(http://www.yinglisolar.com) 참조.

독일에서는 이러한 신재생에너지를 육성하고자 정부에서 '솔라 분데스리가'(Solar Bundesliga)[118]를 운영한다. 여기서 말하는 '분데스리가'는 독일 프로축구 리그를 말하는 게 아니다. 솔라 분데스리가는 독일 환경지원협회(Deutsche Umwelthilfe e.V.) 등이 2003년부터 인터넷에 공개하고 있는 이른바 '태양에너지 발전경쟁 리그'다. 여기서는 독일 전 지역을 대상으로 태양광 · 태양열 발전량을 평가하고 그 순위를 매기는 작업을 한다. 영예의 1위 자리에 오르는 도시에는 상도 준다. 점수를 매기는 과정은 이렇다. 주민 1인당 생산하는 태양광 1W에 1점(500kW 이상은 100점)을 준다. 태양열도 1W당 1점을 준다. 이 점수를 산출 공식에 대입하면 도시별 합산 점수가 나온다.

그렇다면 우승 도시는 어디일까? 덴마크 국경과 가까운 독일 북부에 자리 잡은 슐레스비히-홀슈타인 주의 작은 시골 마을인 글뤼싱으로 태양광 1670.3점, 태양열 1만 4651.4점을 땄다. 독일의 재생에너지 열기를 짐작해볼 만한 점수다. 우리에게 '환경 수도'로 알려진 프라이부르크는 2003년부터 3년 연속 솔라 분데스리가 대도시 부문에서 1위를 지킬 만큼 태양에너지 등 재생에너지 보급에 앞서 있다.

독일은 2013년 기준으로 전체 전력 생산량 가운데 신재생에너지의 비율이 24.1%나 된다. 8년 안에 가동을 멈추기로 한 원전이 차지하는 비중은 15.4%다.[119] 정부는 2022년까지 재생에너지 비율을 35%까지 끌어올릴 계획이다.

118) 솔라 분데스리가 홈페이지(http://www.solarbundesliga.de) 참조.
119) 에너지결산연구그룹(AG Energiebilanzen e.V) 『Bruttostromerzeugung in Deutschland von 1990 bis 2013 nach Energieträgern』(2014년 11월 6일)

이를 위한 투자가 몇몇 대형 전력업체를 중심으로 이뤄지는 것은 아니다. 독일 신재생에너지 정보포털 자료를 보면, 2010년 독일 재생에너지 발전시설의 40%를 개인이 소유하고 있는 것으로 나온다. 4대 전력회사의 비중은 6.5% 수준이다. 이러한 생태계 조성이 가능했던 건, 독일의 협동조합 때문이다. 시민들이 일정 금액의 출자금을 모아 만든 협동조합이 태양력, 풍력 등 다양한 형태의 시민발전소를 세워 전기를 판매하고 있다. 독일에서 에너지협동조합 형태가 처음 등장한 건 1999년 '그린피스 에너지협동조합'(Greenpeace Energy eG)이 출범하면서부터다. 그 후 5년 동안 그 수가 급격하게 늘었다.

에너지협동조합의 열기를 통해서도 감지할 수 있다. '독일협동조합협회' 자료를 살펴보면, 2011년 독일 전역에서 결성한 협동조합 272곳 가운데 50%가 신재생에너지와 관련된 것이었다. 분야도 다양해 풍력, 바이오가스, 그리고 스마트그리드(지능형 전력망) 시설을 활용한 열병합 협동조합도 있다. 전체적으로 재생에너지 관련 협동조합은 약 600곳인데 매해 160곳씩 늘어나고 있는 추세다.[120]

독일 신재생에너지 시장의 성장 배경에는 협동조합뿐만 아니라 2000년에 제정된 재생에너지법(EEG)이 자리하고 있다. 전력 생산 부문에서 수력, 풍력, 태양광, 지열, 바이오매스 등 재생에너지 비율을 높이고자 마련된 이 법안은 신재생에너지를 우선적으로 사용하도록 정하고 있으며, 20년 동안 발전차액(기준 가격과 전력거래 가격의 차액)을 정부 예산으로 지원해 해당 사업이 수익을 낼 수 있도록 돕고 있다. 이

120) 독일협동조합협회 홈페이지(http://www.genossenschaften.de) 참조.

는 시민들의 자발적인 참여를 유도하는 강력한 제도적 장치이다.

이 법안은 우리나라의 '발전차액 지원제도'(FIT, feed in tariff)[121]와 닮아 있다. 정부가 신재생에너지 발전시설의 잉여 전기를 비싼 값에 사들여 초기 투자 비용을 보전해줬던 FIT는 2012년부터 발전소가 직접 신재생인증서(REC) 형태로 신재생에너지 발전량을 구매기관에 판매하는 '신재생에너지 공급의무제도'(RPS, renewable portfolio standard)로 바뀌었다. 독일 에너지 협동조합의 밑거름이 됐던 제도를 일찌감치 시행했음에도 너무 일찍 끝내버리는 바람에 신재생에너지의 생태계조차 꾸리지 못한 것이다.

물론 두 제도 모두 '양날의 검'처럼 장단점이 있다. FIT는 정부 예산에 부담을 주고, RPS는 원자력 · 화력에 주로 투자하는 발전사업자 입장에서 의무량 이상으로 신재생에너지 전환에 적극적으로 나서지 않게 되기 때문이다. 최근 우리나라에 들어서는 대규모 태양광발전소를 지은 주체가 시민이나 마을공동체가 아닌 대부분 대형 사업자나 전력회사인 것도 RPS의 한계를 보여주는 대목이다.

초벤텐도르프의 교훈

독일이 탈핵을 선언하고 신재생에너지에 꾸준히 투자해왔다고 하지

---

121) 정부가 태양광, 태양열, 바이오, 풍력, 수력, 해양, 폐기물, 지열 등 8가지 재생 에너지 분야와 연료전지, 석탄액화가스화, 수소에너지 등 3가지 신에너지 등 모두 11가지의 신재생에너지로 생산한 전력에 대해 기준 가격과 전력거래 가격의 차액을 지원해주는 제도다. 2002년 5월 시행됐으며, '신에너지 및 재생에너지 개발 · 이용 · 보급 촉진법' 개정안이 발효되면서 2011년 말 폐지됐다.

ⓒ김성환(한겨레21 기자)

오스트리아 츠벤텐도르프 원전의 모습. 국민투표를 통해 가동 정지 결정이 내려진 이곳은 현재 신재생에너지 발전시설이 있다.

만, 탈핵의 이행 과정은 여전히 걸음마 단계라고 볼 수 있다. 탈핵의 시동을 걸었지만, 여전히 정치적인 난관들이 존재하고 있기 때문이다. 그런 점에서 1970년대에 일찌감치 탈핵으로 전환한 오스트리아의 사례는 인상적이다. 국민투표를 통해 원전 가동 여부를 정하고, 이미 지어진 원전을 신재생에너지 연구시설로 바꿔 '랜드마크'로 탈바꿈시켰기 때문이다.

유럽에서 가장 먼저 탈핵을 시도한 나라는 그리스(1975년)다. 그리스에서는 지진 발생 시 안전성이 낮다는 이유로 원전산업을 폐기했으며, 오스트리아를 비롯해 스웨덴(1980년), 노르웨이(1984년), 이탈리아(1987~1990년), 스위스(1990년), 네덜란드(1994년), 아일랜드(1999년)

등이 한시적 · 영구적 원전 건설 금지와 가동 중인 원전의 단계적 폐쇄 등을 법제화하거나 정부 정책으로 삼았다.

오스트리아에서는 탈핵이 '연방헌법'에 명시돼 있다. 이는 에너지 '탈핵'도 있지만, 군사무기로서의 '비핵화'를 의미하기도 한다. 여기에는 제2차 세계대전 이후 '영세 중립국'을 선언한 정치적 입장도 한몫했다고 봐야 할 것이다. 어쨌든 오스트리아는 일찌감치 탈핵을 국가 시책으로 정해 '생태사회적 시장경제'를 꾸리고 있다. 1978년 제정된 원자력폐쇄법은 에너지 획득을 목적으로 한 원자력 사용과 그 설비를 금지하고 있다. 초창기에는 일반법이었으나, 1999년 '비원자력 오스트리아를 위한 연방헌법'으로 격상돼 오스트리아 의회를 통과한 바 있다.[122]

오스트리아의 탈핵 과정은 츠벤텐도르프라는 도시에서 구체적으로 확인할 수 있다. 츠벤텐도르프는 오스트리아의 수도 빈에서 약 45km 떨어진 니더외스터라이히 주에 있는 작은 도시다. 이곳에는 시내와 조금 떨어져 있는 도나우 강가에 원전이 자리 잡고 있다.[123]

츠벤텐도르프 원전은 1970년대 오스트리아 정부가 계획한 6기의 원전 중 가장 먼저 세워진 발전소다. 1972년 오스트리아의 8개 전력업체가 컨소시엄을 구성해 6년 만에 완공한 이 발전소에는 공사비만 10억 유로(약 1조 4000억 원)가 들었다. 당시 오스트리아 정부는 공업시설

122) 안병영, 『왜 오스트리아 모델인가』(문학과지성사, 2013년) pp.283-289.

123) 김성환 기자는 2013년 3월 11일 지방자치단체장 연구 모임인 '목민관 클럽'과 '탈핵-에너지전환을 위한 자치단체장 모임' 회원들과 함께 오스트리아 츠벤텐도르프를 방문해 취재를 진행했다.

이 많던 이 지역의 군부대 부지에 900MW 규모의 원전을 세우고 도나우강 일대에는 700MW의 대규모 수력발전소를 세워 중앙유럽에서 가장 큰 에너지단지를 만들 계획이었다.

그러나 원전이 서서히 모습을 드러내자 오스트리아는 격렬한 논쟁에 휩싸였다. '핵발전소를 반대하는 시민 모임'이 결성됐고, 수도 빈에서는 대규모 반핵 시위가 열렸다. 약 50만 명의 사람들이 츠벤텐도르프 원전 건립 반대에 나섰다. 당시 오스트리아 정부는 경제 발전을 위한 원전 건설을 강조했다. 그러나 시민들은 믿지 않았다. 격렬한 시위로 츠벤텐도르프 원전 일대가 봉쇄되자 정부는 원전에 사용할 우라늄 원료를 도나우강을 통해 옮겨야 했다. 갈등이 깊어지자 브루노 크라이스키 총리가 원전 폐기 법안의 찬반을 묻는 국민투표를 제안했다. 제2차 세계대전 패전 이후 열리는 첫 국민투표였다.

1978년 11월 5일 치러진 이 투표 결과는 총리의 예상과 달리 '원전 반대'로 근소하게 기울었다. 원전 폐기 법안에 대해 50.47%(160만 6308명)가 찬성을, 49.53%(157만 6839명)가 반대를 했다. 결국 이미 완공된 츠벤텐도르프 원전은 시동 버튼을 누를 수조차 없게 됐다.

투표는 끝났지만 24만m^2 부지에 지어진 츠벤텐도르프 발전소는 고스란히 남았다. 재가동에 대비해 발전소에는 200여 명의 직원이 8년 동안 시설을 지켰는데 당시 시설 유지 비용으로만 5억 유로(약 7200억 원)가 들었다고 한다. 예정됐던 원전이 문을 열지 못하자 화력발전소를 돌려야 했고, 1978년 오일쇼크가 일어나면서 이어진 전기료 폭등 등 후유증은 주민들이 고스란히 떠안아야 했다.

골칫덩어리였던 츠벤텐도르프 원전이 새롭게 탈바꿈하게 된 계기는, 1986년 체르노빌 사고가 벌어지고 난 뒤다. 당시 원전시설 관리를 해오던 업체가 유지 비용을 감당하지 못하고 에파우엔(EVN)이라는 전력회사에 발전소를 매각했다. 당시 EVN은 "츠벤텐도르프 발전소는 오스트리아 역사의 일부분"이라며 매입 이유를 밝혔다. EVN에서는 원전 부지를 어떻게 활용할 것인지 여러 아이디어를 모았다고 한다. 츠벤텐도르프 원전에서 만난 EVN의 홍보담당자는 이렇게 말했다.

"당시 오스트리아의 유명한 예술가가 찾아와 '멍청한 · 잘못된 기술의 박물관'을 만들자고 제안했다. 또 어떤 이는 '오스트리아판 할리우드'를 만들자며 유명 영화제작사를 유치하자는 의견도 있었다. 그러나 시간이 너무 오래 걸린다는 이유로 이 아이디어도 곧 폐기했다."

고민 끝에 나온 결론은 '재생에너지 발전소'였다. EVN은 발전시설 부지로 허가받은 땅에는 바이오가스 발전시설 등을 설치했다. 발전소 외벽에 태양광 패널을 붙였으며, 건물 너머에는 오스트리아 대학과 함께 운영하는 태양광시설이 들어섰다. 450kW를 생산하는 이 시설은 츠벤텐도르프 지역의 150~200가구가 사용할 수 있는 전력을 생산한다. 지역 주민들이 주주로 참여하는 시민발전소다.

문화 공간으로서의 역할도 하고 있다. 1999년부터는 발전소 안에서 친환경기업이 후원하는 음악 축제 '누크 페스티벌'(Nuke Festival)이 열리고 있다. 내부의 원전시설은 견학 프로그램이나 교육을 위한 공간으로 쓰고 있다. 핵연료봉이 주입되지 않았기 때문에, 피폭의 위험 없이 현장을 체험할 수 있기 때문이다. 필자가 츠벤텐도르프 원전을 찾았던 당시에도 독일에서 온 원전 기술자들이 작업하는 모습을 확인할 수 있었다. 최근에는 원전 마을을 배경으로 한 프랑스 영화 〈그랜드 센트럴〉(Grand Central, 레베카 즐로토브스키, 2013년)도 이곳에서 찍었다.

신재생에너지 만드는 생태 도시의 자부심

'츠벤텐도르프의 교훈'은 주변 마을도 바꿔놨다. 당시 탈핵운동을 경험한 주민들이 신재생에너지사업에 적극적이기 때문이다. '생태 도시'로서의 자부심도 생겼다. 탈핵 현장을 확인하고자 전 세계에서 이 작은 도시를 찾아오기 때문이다. 츠벤텐도르프 시장인 헤르만 퀴트라이버는 "지난 10년 동안 쓰레기 재처리와 바이오에탄올 사업 등을 해왔다. 마을 안에는 바이오가스 시설도 있다. 우리는 오스트리아 최초로 2020년까지 모든 에너지를 재생에너지화하겠다는 계획을 세웠다"고 말했다.

츠벤텐도르프 원전 백지화는 오스트리아 사회에 많은 변화를 안겨주었다. 이후 1984년에 오스트리아 동쪽 하인부르크에 원전 건설 계획이 발표되자 시민과 NGO의 점거 농성이 이어졌다. 전국적으로 반핵의 분위기가 고조되는 가운데 1986년에는 오스트리아 역사상 처음으로 녹색당이 의회에 진출했다.[124]

살펴본 바와 같이 독일과 오스트리아는 원전을 둘러싸고 수많은 논의를 거치고 엄청난 사회적 비용도 지불했다. 천문학적인 돈을 들인 원전을 닫고 신재생에너지사업을 키울 수 있었던 것은 국민들이 '안전

124) 안병영, 『왜 오스트리아 모델인가』(문학과지성사, 2013년) p.283.

이 최우선'이라는 가치에 동의했기에 가능했다. 두 나라의 사회적 노력은 일본 후쿠시마 원전 사고를 경험하고, 노후 원전의 수명연장을 결정해야 하는 우리나라가 한 번 곱씹어봐야 할 내용이다.

핵 아시아, 그리고 한국

후쿠시마를 지켜본 대만[125]

동아시아 지역에서 받아들이는 후쿠시마 원전 사고의 충격은 유럽·북미와 다를 수밖에 없다. 방사능에 대한 공포가 일상의 위협으로 구체화되었기 때문이다. 우리나라도 후쿠시마 원전 사고 직후 내린 이른바 '방사능 비'에 대한 공포에 시달려야 했으며, 지금도 일본산 농수산물 수입에 신경을 곤두세워야 한다.

그러나 이러한 충격은 시민들 안에서만 존재한다. 원전의 안전성을 강화해야 할 동아시아의 대다수 정부는 후쿠시마 원전 사고 이후 오히려 '원전 드라이브'를 걸어왔기 때문이다. 체르노빌 이후 최악으로 꼽

125) 김성환 기자는 〈한겨레21〉 기획연재 '동아시아 핵발전 현장을 가다' 취재를 위해 2014년 2월 25일부터 3월 1일까지 대만 타이베이·신베이 일대를 다녀왔다.

히는 사고를 경험한 아시아 지역에서 가장 빠른 속도로 원전이 늘어난다는 사실은 '아이러니' 그 자체다. 그나마 다행인 것은 후쿠시마 원전 사고를 계기로 동아시아의 여러 나라에서 원전을 둘러싼 사회적 논의가 늘어났다는 점이다.

후쿠시마 원전 사고 이후 가장 뜨거운 논쟁이 벌어지고 있는 곳은 바로 대만이다. 대만의 원전은 국민당 군사정부의 이른바 '백색공포' 정치가 이뤄지던 1970~1980년대에 집중적으로 지어졌다. 대만 북부에는 퀸산(金山) 제1원전과 구오셍(國聖) 제2원전, 그리고 남부에는 마안산(馬鞍山) 제3원전이 세워졌다. 각 원전에는 2기의 원자로가 있다.

원전이 '뜨거운 감자'로 등장한 건, 대만이 민주화된 이후인 1992년 무렵이다. 대만의 국민당 정부는 당시 섬의 북동쪽 신베이시 궁랴오군에 룽먼(龍門) 제4원전의 건설 계획을 발표했다. 곧바로 환경단체들이 반발했다. 대학생들과 학자 등으로 구성된 대만환경보호연맹(TEPU)과 여성단체인 대만주부연맹이 중심이 돼 원전건설 반대운동이 시작했다. 이들은 타이베이 등 대도시 주변 2곳에 이미 원전이 들어서 있는데, 추가로 짓는 것은 위험하다고 주장했다.

그러나 반대를 무릅쓰고 1992년 첫 삽을 뜬 문제의 룽먼 제4원전은 여전히 '건설 중'이다. 대만의 원전을 독점 운영하고 있는 대만전력공사(TPC)는 공사가 늦어지는 이유에 대해 "1970~1980년대 해외 기술로 건설했던 기존의 원전 3곳과 달리, 룽먼에서는 대만 자체 기술로 발전소를 조립하고 있다"고 설명한다. 그러나 원전을 반대하는 진영의 입장은 다르다. 입지가 좋지 않고 사고가 잦아 건설이 늦어지고 있다는 것이다.

일본 후쿠시마 원전 사고가 나면서는 더 큰 논란에 휩싸였는데, 이유는 이 원전의 원자로가 폭발한 후쿠시마 제1원전과 같은 비등형경수로(BWR) 모델이었기 때문이다. 더군다나 건설 업체에 일본의 히타치와 미쓰비시가 끼어 있었다. 대만전력공사는 안전 기준을 강화하겠다고 했지만 일본의 기술력으로 후쿠시마 원전과 같은 방식의 원전을 짓는다는 사실 자체만으로도 우려는 커질 수밖에 없는 상황이었다.

이러한 대만 사회의 기류는 타이베이 중심지인 장제스 중정기념당 앞 광장에서 확인할 수 있었다. 2014년 후쿠시마 원전 사고 3주기를 앞둔 금요일, 광장에서 원전을 주제로 한 문화행사가 열리고 있었다. 작년 3월 사고 2주기 당시, 대만 각지에서 모인 20만 명이 대규모 원전 반대 행진을 벌인 뒤 줄곧 이어온 행사였다. 이날은 후쿠시마 주민들의 삶을 기록한 영화 상영회가 열렸다. 대만의 유명 영화감독과 작가 등 예술인이 주관하는 행사였다. 광장에서 만난 행사 주최자 가운데 1명인 대만의 대표적인 극작가 샤오예는 이렇게 말했다.

"우리는 대만 정부가 펼치고 있는 원전 건설 정책에 대해 매우 걱정하고 있다. (안전을 위한) 아무런 조치를 취하지 않고 있기 때문이다. 지난해에는 '사람이 우선이다'라는 뜻으로 예술인들이 사람 인(人) 자를 만드는 퍼포먼스를 총통부 건물 앞에서 열었다. 예술 활동을 활용해 우리의 뜻을 대중에게 알리겠다는 취지다."

대만에서 탈핵운동이 대중적으로 확산되고 있다는 사실은 '맘 러브스 타이완'(Mom Loves Taiwan)의 등장으로 확인할 수 있었다. "원전을 감독하는 어머니 연맹"이라는 뜻을 담고 있는 이 단체는 후쿠시마 원전 사고 뒤 생겼다. 여성 유명인사 250여 명이 모여 만든 이 단체는 주로 인터넷이나 사회관계망(SNS)을 통해 정보를 나눈다. 캠페인용 TV 광고까지 찍는 이 단체는 3년 만에 회원 수가 3만 명을 넘어섰다. 원전 사고의 충격이 반핵운동의 지형을 바꿔놓은 것이다.

원전 건설을 두고 벌어지는 논란은 우리나라와 비슷하다. 야당인 민진당과 환경단체 등에서는 추가로 원전을 짓지 않아도 전력난을 극복할 수 있다고 주장한다. 대만환경보호연맹(TEPU) 공동대표인 신민신 전 대만국립대 화학공학과 교수는 이렇게 말했다.

> "여름과 같이 전력 사용량이 늘어나는 상황에서도 전력예비율이 20% 수준을 유지하고 있기 때문에 현재 대만에서는 전력 생산에 별다른 문제가 없는 상황이다. 2012년 기준으로 전체 전력 가운데 사용되지 않은 전력은 22.7%였다. 같은 해 원전 3곳에서 생산한 전력은 10.6% 수준이었다. 원전 3곳을 닫아도 충분하다는 이유다. 전체 전력 생산량의 5.6%를 차지하게 될 룽먼 제4원전의 전력량은 다른 신재생에너지를 활용하면 충분히 극복할 수 있는 수치다."

그러나 원전 가동을 추진하려는 대만전력공사의 설명은 다르다. 섬나라의 특성상 다른 지역에서 전기를 끌어올 수 없기 때문에 전기를 넉넉하게 생산해야 한다는 것이다. 양예신 대만전력공사 원자력처장의 설명이다.

"예비율이 20% 수준인 것은 맞지만, 섬이라는 지리적 특성을 감안해 전력예비율을 15% 이상으로 유지해야 한다. 국제 사회의 경험을 참작해, 우리나라 전력예비율을 15%로 계획하고 있다. 이 수치는 (우리와) 마찬가지로 (다른 나라에서 전기를 끌어올 수 없는) 독립 전력망을 가진 한국과 같은 수준이다. 통계를 보면, 전력예비율이 10%보다 낮아지면 전력 부족 위험이 생길 수 있다는 경험이 있다. 1990~96년 예비율이 7% 이하였는데 '전력총량 제한공급' 횟수가 43차례에 이르렀고, 1994년에는 16차례여서 산업과 민생에 모두 상당히 큰 충격을 줬다."

정치 논쟁 된 국민투표

사정이 이렇게 되자 대만 사회에서는 룽먼 제4원전 가동 문제를 국민투표로 해결하자는 목소리가 높아졌다. 그러나 어떻게 할지 그 방법에 대해서는 여전히 의견이 갈리고 있다.

국민투표가 대만 사회에서 뉴스의 중심에 오르내리기 시작한 건, 1987년 대만에서 계엄령이 해제되면서부터다. 민주화 이후 재집권한 국민당이 룽먼 제4원전의 건설을 추진하자 시민사회단체가 중심이 된 '제4원전 국민투표 추진위원회'가 원전의 안전성에 대해 문제 제기를 하면서 국민투표를 제안했다. 체르노빌 원전 사고로 불안감이 가시지 않던 시절이었다.

하지만 국민당은 시민 사회의 제안을 거절했다. 부지 선정을 끝낸 뒤 룽먼 제4원전은 공사를 시작했고, 이에 맞서 지방자치단체를 중심으로 한 이른바 '주민투표'가 벌어졌다. 1994년 신베이시 궁랴오구를 시작으로 원전과 가까운 지역에 있던 타이베이시, 타이베이현, 이란시 등에서도 원전 건설의 찬반을 묻는 주민투표가 모두 4차례 진행됐고, 그 결과 반대의 목소리가 높았다. 그러나 당시 법 체계로는 국민당 정부가 주민투표 결과를 정책에 반영할 의무가 없었다. 우리나라의 강원도 삼척에서 이뤄진 원전 반대 주민투표와 비슷한 상황인 것이다.

답보 상태였던 원전 반대 움직임은 2000년 민주진보당(이하 민진당)으로 정권 교체가 이뤄지면서 새로운 국면에 접어들었다. 천수이벤 총통은 공약으로 룽먼 제4원전 건설 중단을 내걸었고, 더 나아가 이미 가동 중이던 원전 3곳도 점진적으로 폐로하겠다는, 사실상 '탈핵 선언'을 했다. 이러한 총통의 공약은 국민당과 원전 관계자들의 큰 반발을 샀다. 룽먼 제4원전 건설에 참여했던 미국 GE와 일본 히타치, 도시바는 공사비 위약금 소송을 진행하겠다고 했다. 그러던 중 대만 대법원회(한국의 헌법재판소)가 총통의 건설 중단 결정은 위헌이라고 판단하면서, 2001년 공사가 재개됐다.

그럼에도 원전 반대 여론은 사그러들지 않았고 이에 천수이벤 총통이 원전 건설 여부를 묻는 국민투표를 추진하겠다고 선언한다. 이에 맞서 당시 입법회 다수당이자 제1야당인 국민당은 2003년 12월 단독으로 국민투표의 절차와 기준을 담은 '국민투표법'을 통과시켰다. 이 법안에는 국민투표의 내용은 국가 안보 사안으로 제한한다는 내용이 담겼다. 원전 건설 여부는 국민투표 대상이 아니라고 못박은 것이다.

국민당이 만든 법안에는 국민투표 진행 절차도 까다로웠다. 민간 영역에서 투표 발의를 하려면 10만 명의 서명이 필요했다. 또한 중앙정부의 '국민투표 검토위원회'의 심의를 거쳐야 했고, 이 과정이 끝나면 전체 유권자의 5%(약 100만 명)가 서명해야 비로소 '국민투표'를 진행할 수 있었다. 투표가 이뤄진다고 해도 전체 투표율이 50%를 넘어야 유효하며, 이 가운데 절반을 넘긴 내용이 반영된다는 것이다. 민진당과 환경단체에서는 이를 사실상 국민투표를 막는 시도로 받아들였다.

그런데 놀랍게도 이 법을 제정한 국민당으로부터 국민투표 제의가 들어온다. 지난 2012년 벌어진 일이다. 국민당 소속 마잉주 총통은 원전 건설·가동 여부를 국민투표로 결정하자고 제안한 것이다. 후쿠시마 원전 사고 뒤, 대만 사회에서 원전 가동 중지를 요구하는 시위가 거세지자 나온 제안이었다. 마잉주 총통은 논의가 이뤄지는 동안에는 원전 건설에 쓰일 예산을 동결하겠다고 말했다.

그러나 환경단체 등에서는 이를 시간 끌기로 여기고 있다. 이미 90% 이상 공사가 이뤄진 룽먼 제4원전의 시험 가동까지 논란을 목소리를 잠재우고자 국민투표라는 정치적 카드를 던졌다는 것이다.

민진당과 국민당이 번갈아가며 국민투표를 제안했지만 룽먼 제4원전 문제는 아직도 진행형이다. 2014년 4월, 민진당의 전 대표인 린이슝이 공정률 98%를 넘긴 룽먼 제4원전의 가동에 반대하는 무기한 단식 농성에 들어갔다. 타이베이 시내에서는 약 2만 명이 넘는 사람들이 모여 진행한 반원전 시위에 경찰이 물대포로 진압하면서 여론은 더욱 악화됐다. 그러자 국민당 정부는 2014년 4월 28일 또다시 국민투표 카드를 꺼냈다. "원전 건설을 중단하고 국민투표를 진행하겠다"고 했지만 어떻게 진행할 것인가를 두고 국민당과 민진당 사이의 격론은 계속 이어지고 있다.

중국의 원전 팽창과 주변국의 우려[126]

중국 국가핵안전국(NNSA)은 2014년 3월 12일 〈중국신문망〉(中國新聞網)을 통해 "현재 31기의 원전을 건설 중이다"라고 밝혔다. 전 세계에서 건설하고 있는 원전의 40%가 중국에 세워지고 있는 셈이다.

앞서 언급한 대만이나 우리에 비해 스케일 면에서 압도적이다. 중국의 급격한 원전 확대 정책은 후쿠시마 원전 사고 이후 우리가 풀어야 할 또 다른 숙제다. 어쩌면 국내 문제보다 훨씬 복잡하고 어려울 수 있다. 주변국의 안전, 그리고 각 나라의 이해관계까지 걸려 있는 문제이기 때문이다.

중국 정부가 원전 건설에 본격적으로 나선 건 2009년이다. 대륙 동쪽 해안가와 내륙 지역 등에 모두 86기의 원전을 새로 짓겠다는 계획을 내놓는다. 폭발적으로 늘어나는 중국의 전력 사용량과 대기오염 등의 문제를 원전 건설로 돌파하겠다는 것이었다. 한국과 일본 등 주변국들은 경악했다. 다행히도 후쿠시마 원전 사고 이후 원전사업을 재검토하면서 계획 일부를 보류했다. 그럼에도 중국의 원전 건설은 여전히 세계 1위다.

이러한 중국의 행보에 주변국들이 우려의 시선을 보내는 이유는 간단하다. 안전하게 관리할 수 있겠느냐는 것이다. 원전 운영에는 방사성폐기물 처리나 방사능 유출과 관련한 방호 전문 인력 등이 필요하

126) 김성환 기자는 〈한겨레21〉 '기획연재–동아시아 핵발전 현장을 가다' 취재를 위해 2014년 2월 5일부터 2월 13일까지 홍콩과 중국 다야만 원전이 있는 광둥성 선전, 스다오완 · 하이양 원전 건설 현장이 있는 산둥성 신베이 · 룽청 일대를 다녀왔다.

다. 이걸 담당할 인력이 충분하지 않은 상황에서 중국의 원전은 너무 빠른 속도로 늘어나고 있다. 미국, 프랑스 등 여러 나라에서 설계된 원자로를 운영하기 때문에 중국 내 표준화된 기술이 없어 사고 시 체계적인 대응이 어려울 것이라는 예측도 나온다.

이는 통계자료에서도 확인된다. 중국핵공업그룹(CNNC)의 2010년 조사 자료를 보면, 중국 내 원전 건설, 설계, 운행과 보수, 유지 등의 전문 인력은 전국적으로 약 5만 1000명인 것으로 나타났다. 전 세계의 원전 대부분에는 1기당 평균 35명의 안전관리 인력이 배치되는데, 2010년 조사 당시 중국에는 운전 중인 원전 13기에 모두 300명의 안전관리 인력이 배치돼 있었다. 1기당 평균 24명에 불과하다.

이에 대해 우청호 홍콩시립대 원자핵공학과 교수는 "한마디로 '나쁜 상황'이다. 완벽하게 준비되지 않았는데도 중국 정부가 위험을 감수하고 있다는 점에서 매우 어려운 상황이다"라고 설명했다.

정보의 불투명성도 문제시되고 있다. 민주주의가 정착된 다른 나라에서도 빈번하게 은폐되는 원전 관련 정보가 중국의 폐쇄적인 국가 시스템 안에서 과연 투명하게 공개될 수 있겠느냐는 것이다. 그런 의미에서 홍콩특별행정구에서 벌어진 다야만(大亞灣) 원전에 대한 정보 공개 사례는 상징적이다. 건설된 지 30년 된 다야만 원전은 광둥성 선전시에 있는 중국에서 가장 오래된 원전이다. 이곳에서 만든 전력의 25%는 홍콩이 끌어다 쓰는데, 홍콩 자치정부는 2020년까지 그 비율을 50%로 끌어올릴 계획이다. 다야만 원전 바로 옆에는 2002년부터 운행을 시작한 링아오(临高县) 원전이 있는데, 2014년 3월 기준으로 이 두 곳에서 생산하는 전력량은 가동 중인 중국 원전 21기가 생산하는 전체 전력의 약 35%(5828MW) 수준이다.

다야만 원전은 대도시인 홍콩과 가까워 이 지역의 안전과도 직결되지만, 정작 원전에 대한 제대로 된 정보를 접하지 못하고 있다. 20년 넘게 다야만 원전 안전자문위원으로 활동했던 홍콩의 환경 컨설턴트 로리 완 섹 런의 이야기를 들어보면 그 실태는 더 심각하다.

"자문위원회는 제 구실을 못하고 있다. 2010년 5월, 다야만 원전 2호기에서 핵연료봉의 방사성물질이 냉각수를 통해 유출된 사건이 있었다. 당시 발전소 쪽에서는 사고 사실을 공개하지 않았는데 나중에 내가 언론에 알렸다. 자문위원에게 방사능 수치를 적은 보고서를 주는데, 여기 적힌 방사능 수치의 이상을 확인했고, 문제를 제기했다. 결국 방사능 요오드 핵종과 방사능 기체 수치 등이 미세하게 상승한 사실이 언론에 나오자, 중국 정부에서 방사능 유출 사실을 공개했다. 이런 식의 사고를 얘기하자만 여러 개다. 자주 반복되는 일이다."

그러나 그의 경고에도 사고를 은폐하는 일은 반복됐다. 같은 해 10월, 다야만 원전 1호기의 원자로에서 또다시 방사능이 누출됐다. 다행히 외부로 방사능이 새어 나가지는 않았지만, 발전소 쪽은 사고 발생 열흘이 지난 뒤 홍콩 정부에 사고 내용을 통보했다. 홍콩 중화전력공사(CLP)는 사고 한 달이 다 되어서야 사건을 공개했다. 그리고 얼마 뒤 일본 후쿠시마 원전 사고가 터졌고, 로리는 20년 가까이 활동하던 위원직을 사퇴했다.

"더 이상 원전을 짓지 마라, 원전 지을 거면 그에 따른 문제를 모두 해결하고 지어라, 이렇게 주장했지만 사람들은 말을 듣지 않았다. 그리고 또 사고가 발생했다. 중국의 (원전 관리) 시스템은 너무 취약하다. 사람들이 걱정하는 것도 바로 이 부분이다. 결국 유일한 희망은 민주주의다. 민주적 시스템만이 정부를 모니터할 수 있으니 말이다. 한국도 마찬가지다. 중국은 상하이 북쪽 산둥성, 랴오닝성에 있는 원전에 대한 운영 정보를 한국에 알려줘야 한다. 정보를 교류해야 안전성도 높아지기 때문이다. 원전은 결국 문제가 생길 수밖에 없다. 그런데 지금처럼 하는 것은 아무런 답이 될 수 없다."

후쿠시마 사고 뒤, 중국 · 홍콩 정부에 원전의 운영 정보를 요구하는 움직임이 이어졌다. 그해 홍콩에서는 시민단체 활동가, 기자, 교수, 정치인 등이 모여 '다야만 민간감시 자문단'을 꾸렸다. 이들은 안전 문제에 대한 다양한 질의를 했지만, 정부는 구체적인 답변 대신 이미 공개했던 자료를 보여줬다. 결국 별 성과를 내지 못한 자문단은 1년 6개월 만에 해체됐다.

그나마 홍콩을 벗어나면 안전 이야기를 꺼내기도 어렵다. 그린피스와 퍼시픽인바이런먼트 등 중국에서 활동하는 국제 환경단체들은 원전 문제를 정면으로 언급하지 않는다. 중국 정부가 '반핵=반정부 운동'으로 받아들인다는 인식 때문이다. 마리오 다마토 그린피스 동아시아 지부 대표는 "중국 정부는 우리가 하는 캠페인이 정부에 대항하는, 이른바 항거로 비칠 것을 우려한다"고 말했다. 게다가 화석연료 오염 문제가 심각한 탓에 아직 전체 발전량의 1% 수준인 원전의 위험성을 언

ⓒ정용일(한겨레21 기자)

중국 산둥성 하이양시 펑청완미 해안가에서 바라본 하이양 원전 1 · 2호기 건설 현장의 모습. 외관 공사가 한창 진행 중인 1호기는 오는 2016년 완공을 목표로 하고 있다.

급하기에는 아직 공감대가 부족하다. 이에 대해 중국의 환경운동가이자 반핵아시아포럼(NNAF)의 중국 회원인 원보는 "일부 환경단체만 청정에너지에 대해 언급하며, 인터넷상에서도 님비 수준의 원전시설 반대운동이 이뤄지는 정도다"라고 설명했다.

중국 원전의 투명한 운영은 우리나라의 안전과도 관련이 있다. 중국 산둥성 룽청시 스다오항 근처에 들어서는 스다오완(石島灣) 원전은 경기도 평택항과 직선거리로 380km 떨어져 있다. 이 근방에는 스다오완 원전을 포함해 모두 3기의 원전이 들어선다. 후쿠시마 원전 사고 이전까지만 해도 한반도와 가까운 산둥성 안에만 모두 33기(설비용량 2만 580MW, 소형 4세대 원자로 19기 포함)의 원자로가 들어서기로 돼 있었다. 현재 중국 정부가 건설 계획을 보류하고 있을 뿐, 건설 자체가 아예 취소된 건 아니다. 중국과 한반도가 이른바 '안전 공동체'로서 소통과 원전의 정보 교류를 해야 하는 이유다.

우리는 안전 공동체로 거듭날 수 있을까

동아시아의 원전 공포를 줄이기 위해서는 여러 나라가 참여해 서로 정보를 교류할 수 있는 창구가 필요하다. 1958년 유럽에서 출범한 유라톰(EURATOM)을 본뜬 이른바 '아시아원자력공동체'(ASIATOM)라 불릴 법한 안전 협의체가 있어야 한다는 것이다.

박근혜 대통령은 이와 유사한 '한 · 중 · 일 원자력안전협의체'를 공식적으로 제안한 적이 있다. 2014년 8월 15일 광복절 기념식에서 박 대통령은 "동북아는 원전이 밀집한 지역이다. 원자력 안전 문제가 지역 주민들에게 큰 위협이 되고 있다"며 "한국과 중국, 일본이 중심이 되는 원자력안전협의체를 만들자"고 밝혔다.

그런데 이 안전협의체는 그동안 없었던 게 아니다. 제대로 운영이 되지 못했을 뿐이다. 우리나라와 일본은 1995년까지 원전 사고가 일어났을 경우에 대비해 비상통신망 훈련 등을 해왔다. 2008년부터는 한국, 중국, 그리고 일본의 원전 규제기관 실무자가 참여해 핵 관련 현안을 협의하는 '최고규제자회의'(TRM, top regulator meeting)도 운영하고 있다. 그러나 TRM은 그동안 6차례의 회의만 열었을 뿐 별다른 논의의 진전을 이끌어내지 못했다.

후쿠시마 원전 사고가 나자 '원자력 사건정보 교환체계'(IEF)를 구축하기로 했다. 원전 사고가 발생하면 24시간 이내에 다른 2개국에 전화·전자우편을 통해 통보한다는 것이다. 그동안은 이런 식의 협력이 이뤄지지 않았다는 의미이기도 하다.

동아시아의 협력체제 구축에 대해 탈핵법률가모임 '해바라기'의 공동대표인 김영희 변호사는 "현실적으로 안전협의체는 필요하다. 그러나 기존에 존재해온 협력 기구를 보면 일본 방사능 문제 등에서 제대로 구실을 못하면서 실효성 문제가 제기된 바 있다. 안전 문제에 비판적인 목소리를 낼 수 있는 한·중·일의 탈핵 전문가가 포함된 안전협의체가 만들어져야 한다. 다양한 우려를 담지 못하는 형식적인 안전협의체는 결국 핵 마피아들의 자리를 하나 더 만들어주는, 구색 맞추기에 그칠 것이기 때문이다"라고 말한다.

급속도로 확산되는 중국의 원전을 보며 탈핵이 한 나라의 문제가 아닌 국제적인 문제임을 깨닫고 있다. 설령 우리가 내부적으로 사회적 합의를 이뤄 탈핵에 성공했다고 해도 주변국에서 일어나는 원전사고에는 속수무책일 수밖에 없기 때문이다. 한국 사회가, 그리고 동아시아가 진정한 '안전 공동체'를 꾸리려면 어떻게 해야 할지 진지한 고민이 필요하다.